AF329954

FACULTÉ DE DROIT DE PARIS.

DE ALEATORIBUS. — DE NAUTICO FŒNORE.

DES
CONTRATS ALÉATOIRES
DE DROIT CIVIL.

THÈSE POUR LE DOCTORAT

PAR

Claude-Marie-Victor CHAVET.

PARIS

IMPRIMERIE DE W. REMQUET ET Cⁱᵉ,

rue Garancière, 5.

1859.

DE ALEATORIBUS — DE NAUTICO FŒNORE

DES

CONTRATS ALÉATOIRES

DE DROIT CIVIL

THÈSE POUR LE DOCTORAT.

L'acte public sur les matières ci-après sera soutenu le jeudi 14 juillet 1859, à 8 heures.

Par Claude-Marie-Victor CHAVET,

Avocat à la Cour impériale de Paris.

Président : M. **PELLAT**, Professeur.

Suffragants : MM. **VALETTE**, **DURANTON**, **RATAUD**, Professeurs. **BATBIE**, Suppléant.

Le Candidat répondra en outre aux questions qui lui seront faites sur les autres matières de l'enseignement.

PARIS

IMPRIMERIE DE W. REMQUET ET Cⁱᵉ,

Rue Garancière, n. 5.

1859.

A MON PÈRE.

A MA MÈRE.

A MON AMI EUGÈNE SÉNAC.

DROIT ROMAIN.

PREMIÈRE PARTIE.

DE ALEATORIBUS
(Lib. XI, tit. v, au Digeste.)

DE ALEATORIBUS ET ALEARUM LUSU
(Lib. III, tit. xliii, au Code.)

Des questions aussi nombreuses que délicates s'é-
lèvent à propos de la matière qui fait l'objet de cette
étude. Dans tous les pays et dans tous les temps,
nous voyons le législateur se préoccuper vivement
des mesures à prendre pour prévenir les funestes dé-
bordements du jeu, et s'efforcer ainsi, non seulement
de sauvegarder les intérêts matériels de la société,
mais encore de la préserver de la plus dangereuse
démoralisation. C'est à ce double point de vue que
la loi romaine doit être envisagée, si l'on veut s'expliquer les dispositions qu'elle contient et dont quel-

1

ques-unes ont paru trop rigoureuses pour être admises dans notre droit français.

Le préteur ne dépasse-t-il pas le but qu'il veut atteindre, en refusant de donner une action pénale contre l'auteur d'un délit dont le *susceptor aleæ* doit seul souffrir ? Et dans un autre ordre d'idées, n'est-il pas contraire à l'équité naturelle d'accorder au perdant la répétition des sommes qu'il a volontairement payées ? Ce sont là des questions de détail sur lesquelles nous reviendrons en étudiant les textes ; qu'il nous suffise, pour le moment, d'avoir donné une idée générale de l'esprit qui nous guidera dans l'interprétation des lois qui ont été rendues à l'occasion du jeu et du pari.

CHAPITRE PREMIER.

Notions historiques.

Le jeu et le pari, tels sont les contrats qui font l'objet du titre v du livre II au Digeste, et du titre xliii du livre III du Code, si toutefois on peut décorer du nom de contrats les conventions qui règlent les rapports des joueurs entre eux.

Le jeu! quel moyen plus séduisant d'arriver à la fortune, sans passer par les épreuves du temps et du travail! mais quelle cause inévitable de ruines et de désordres! Aussi, nous l'avons dit en commençant, il n'est pas de peuple civilisé dont la loi n'ait tenté d'extirper cette détestable passion, soit en refusant tout effet civil aux obligations dont le jeu était la source, soit même en prononçant contre ceux qui s'y livreraient des peines souvent fort sévères.

Les Romains et surtout les austères Romains de la république ne se bornaient pas à flétrir le jeu au nom de la morale; ils punissaient le joueur en le frappant dans ses intérêts les plus chers. Ascanius Pedianus nous apprend qu'autrefois on donnait contre le gagnant une action en répétition du quadruple de ce qu'il avait reçu. Et Ovide nous dit, en parlant du jeu : *Erat ad nostros non leve crimen avos.*

La loi frappait d'infamie celui qui faisait profession de jouer, et il fallut une réhabilitation pour rétablir dans l'intégrité de ses droits Lucius Lenticula, qui avait encouru une condamnation *de alea* (Cicéron, *Philipp.* II, 23). Néanmoins, Suétone nous apprend que le goût des dés fut une des passions du triumvir Octave, dont l'empereur Auguste ne sut pas triompher. On avait reconnu la nécessité d'accorder une certaine satisfaction à cette soif du jeu qui tourmentait toutes les classes de la société. Pendant les saturnales, il était permis de jouer à tous les jeux de hasard. Mais une fois cette espèce de carnaval passé, les maisons de jeu étaient fermées, et l'édile veillait à ce qu'on n'y jouât pas en secret. Les lois reprenaient alors tout leur empire. Les joueurs d'habitude (*aleatores*) étaient réputés infâmes : leur témoignage n'était pas reçu en justice. Cujas, en parlant du nom de *tesserarii* que les joueurs se donnaient comme moins infamant que celui d'*aleatores*, dit que la différence entre ces dénominations n'est guère plus tranchée que celle qui existe entre *fur* et *latro*. Malgré la vigilance de l'édile, il y avait des maisons de jeu clandestines, qui réussissaient comme de nos jours à tromper la police, et dont la découverte attestait de temps en temps la persistance du mal et l'impuissance de la répression

C'est qu'en effet, malgré toutes les rigueurs dont il a été l'objet, le jeu n'a pas disparu, les mœurs ont été plus fortes que les lois. On serait tenté de croire,

en voyant combien ce vice est inhérent à l'humanité,
qu'il est aussi vieux que le monde. Cependant, s'il
faut en croire la tradition, il aurait pris naissance
au siége de Troie, où Palamède aurait imaginé ce
moyen de faire oublier à ses soldats les charmes de
la patrie absente ; le jeu aurait donc eu d'abord un
but utile. Pline rapporte dans une de ses lettres qu'on
permet le jeu dans les camps afin d'empêcher l'oisiveté des soldats, qui pourrait engendrer le désordre
et l'indiscipline. Considéré en lui-même, restreint à
certains exercices, et contenu dans de certaines
limites, le jeu n'est ni bon ni mauvais : c'est un
passe-temps parfaitement légitime. Tout le mal vient
de l'abus fréquent qu'on en fait ; aussi la morale et
la loi, le poëte et l'homme d'État, Horace et Justinien, s'accordent-ils pour le flétrir et le condamner.

La place qu'occupe au Digeste le titre *de Aleato-*
ribus, indique assez combien son objet est odieux au
législateur. Il vient après le titre *de Servo corrupto.*
Celui qui pousse un esclave à jouer le corrompt,
comme celui qui le pousse à s'enivrer ou à fuir. En
effet, la loi XXV, § 6, au Digeste *de Ædilitio edicto,*
assimile l'esclave qui joue à celui qui s'enivre ou qui
s'enfuit. Et la loi XXVI *de Injuriis* nous dit : *Si quis*
servum meum vel filium ludibrio habeat, licet con-
sentientem, tamen ego injuriam videor accipere, ve-
luti si in popinam duxerit illum, SI ALEAM LUSERIT.

CHAPITRE II.

De celui qui tient une maison de jeu et des joueurs.

Notre titre contient quatre lois, qui sont le commentaire de l'édit du préteur.

Cet édit paraît avoir trois parties : la première a trait à celui qui fait jouer, *ad susceptorem aleæ*, la seconde à ceux qui jouent entre eux, *ad collusores*, la troisième à la répétition des sommes perdues au jeu.

La loi première reproduit ainsi le commencement de l'édit: « *Si quelqu'un a frappé celui chez lequel on joue aux dés, lui a occasionné quelque dommage ou lui a soustrait quelque chose frauduleusement pendant le temps consacré au jeu, je ne donnerai pas d'action contre lui.* Rappelons-nous que c'est le préteur qui parle. Une difficulté s'élève à propos du texte même dont nous venons de donner la traduction. On lit, en effet, dans la plupart des éditions du Digeste : *Si quis eum apud quem alea lusum esse dicetur verberaverit, damnumve ei dederit, sive quid eo tempore dolo ejus subtractum est, judicium non dabo !* Quelques éditions, au nombre desquelles nous citerons celle de Haloander, portent *domo* au lieu de *dolo*, et cette version est conforme à celle des Basiliques: εξ αυτου κλεψας, c'est-à-dire *ex ejus domo;* seulement il faut, pour cela, supposer que la préposition *e* ou *ex* a disparu, en même temps que *domo* s'est trouvé par corruption transformé en *dolo;* dans cette hypothèse, il faudrait lire *tempore e domo* et non *tempore dolo*. Ce qui rendrait cette correction vraisemblable, c'est que la même phrase se trouve presque reproduite dans le paragraphe suivant, où nous trouvons ces mots: *Verum furtum factum domi, et eo tempore.*

Ainsi le préteur, en haine du jeu, laisse impunis les méfaits commis contre celui qui tient une maison de jeu, en tant qu'ils sont perpétrés dans la maison même et pendant qu'on joue.

Toute action est refusée à celui qui donne à jouer, parce qu'il est indigne, et que, en commettant un fait illicite, il a fourni au délit l'occasion de se produire.

Ulpien s'empresse d'ajouter qu'il n'en est point de même pour les joueurs. L'action *vi bonorum raptorum* serait donnée pour les soustractions qu'ils commettraient au préjudice les uns des autres. L'édit ne laisse sans protection que le maître du jeu; il ne se rapporte point aux joueurs, qui cependant ne sont pas moins indignes. Il ne faudrait pas non plus l'étendre à tous les cas et à tous les moments où celui qui fait jouer peut être frappé ou souffrir un dommage. Le délit commis dans la maison de jeu, pendant qu'on joue, restera seul impuni, peu importe d'ailleurs que le *susceptor aleæ* joue ou ne joue pas. Par maison, il faut entendre ici l'habitation et la demeure.

Le préteur dit qu'il ne donnera pas l'action *furti*. Veut-il seulement parler de l'action pénale ? Entend-il refuser également l'action *ad exhibendum*, la revendication, la *condictio* ? Pomponius croit qu'il ne s'agit ici que de l'action pénale, mais c'est une opinion qu'Ulpien (l. I, § 3, *hoc tit.*) déclare ne pas partager. En effet, le préteur a dit simplement : Si quelque chose a été soustrait, je ne donnerai pas d'action : *Si quid subtractum erit, judicium non dabo.* Ces termes sont aussi généraux que possible ; il n'y a pas moyen d'établir une distinction là où la loi n'en fait pas. Du reste, nous avons déjà expliqué la cause de cette rigueur à l'égard du *susceptor aleæ.* Les lois romaines nous offrent d'autres exemples d'une aussi excessive sévérité. Nous lisons dans la loi XXIX, au Code, *ad legem Juliam de adulteriis : Tam viles aliqui putentur, ut oporteat eos esse infra omnem legum curam.* Un autre texte refuse la possession de biens à celui qui tient une maison de prostitution, *denegat lenoni bonorum possessionem.* Il ne faut donc pas regarder comme inusitée la disposition que le préteur a dirigée contre celui qui tient une maison de jeu.

Nous avons dit que la seconde partie de l'édit a trait aux joueurs : *In eum, inquit prætor, qui aleæ ludendæ causa vim intulerit, uti quæque res erit, animadvertam.* Je punirai celui qui aura forcé à jouer, quels que soient les moyens qu'il ait employés. Le joueur qui n'aurait retenu son adversaire que pour avoir sa revanche, n'en serait pas moins condamnable (loi II, *hoc tit.*, au Digeste, princ.). La peine était l'amende, la prison, l'esclavage public : *lautumias* ou *latumias, vel vincula publica*. Nous traduisons *lautumiäs* par prison, bien que Plaute l'emploie comme synonyme de *lapidicinas*. Nous croyons en effet que ce mot est pris ici pour *carcerem.* Le préteur ayant le *jus mixti imperii*, pouvait prononcer la peine de la prison (l. II, au Digeste, *De in jus vocando*), tandis que n'ayant point le *jus meri imperii*, il n'avait pas le droit de condamner aux mines.

—◦◉◦—

CHAPITRE III.

De la répétition des sommes perdues au jeu.

La troisième partie de l'édit est plus spéciale au droit civil, dans le sens que ce mot a pris chez nous. Elle a trait à la répétition des sommes payées à l'occasion du jeu. On y voit le préteur permettre au vaincu de répéter par la *condictio* tout ce que le vainqueur a reçu de lui en payement de la dette de jeu. Il y a ici la *condictio soluti tanquam indebiti.* Cet édit n'admet que la répétition au simple. C'est un adoucissement à la législation ancienne, qui admettait la répétition au quadruple.

Il est évident que puisque nous donnons une action en répétition à celui qui a payé, nous ne pouvons, à plus forte raison, refuser le bénéfice d'une exception à celui qui n'a pas encore payé. Cette exception peut être invoquée par le joueur qui, n'ayant pas apporté d'argent, a perdu des jetons représentant une valeur de convention.

C'est en vertu de ces principes (loi IV, § *ult.*, *eod. tit.*), que si l'esclave ou le fils de famille a perdu au jeu, le maître ou le père sera admis à répéter. *Si servus, vel filiusfamilias victus fuerit, patri vel domino competit repetitio* (loi IV, § 1er, *hoc tit.*) Et réciproquement, si l'esclave ou le fils de famille a gagné au jeu, une action sera donnée contre le maître ou le père, dans la mesure du profit que le pécule aura retiré du gain. Il ne s'agit pas ici d'une action noxale, car il n'y a pas de délit proprement dit.

Le maître ou le père ne pourra être forcé à restituer que ce qui se trouvera encore dans le pécule ; il ne saurait être tenu indéfiniment *de peculio*. La raison en est bien simple : le maître qui a concédé un pécule à son esclave a entendu permettre à cet esclave de s'engager par des contrats licites jusqu'à concurrence de la valeur de ce pécule, et non point d'en compromettre l'existence en le risquant à des jeux illicites.

Supposons maintenant que le père ou le patron a gagné au jeu son fils ou son esclave, le préteur donnera contre lui une action en répétition ; seulement ce sera une action *in factum utilis*. La formule *quod in ea alea lusum erit,* n'y sera point insérée. Il faut écarter tout qui pourrait ternir la réputation d'un père ou d'un patron. L'action *in factum utilis* en donne le moyen; elle satisfait tous les intérêts : car tout en procurant au fils ou à l'esclave la restitution qui leur est due, elle ne renferme rien qui avertisse que c'est pour une dette de jeu que la répétition est exercée. Ce n'est là, du reste, qu'une application à un cas spécial de la règle générale posée par Ulpien, dans la loi II, § 1er, du titre *de Dolo malo* au Digeste, et qui est ainsi conçu : *Quibusdam personis non dabitur (actio), utputa liberis vel libertis adversus parentes patronosve : cum sit famosa.* Et le jurisconsulte termine ainsi : *In factum verbis temperandam actionem dandam, ut bona fidei mentio fiat.* Il est inutile d'insister sur les motifs d'une pareille disposition : quels qu'aient été les torts d'un père ou d'un patron, la loi ne veut pas qu'il soit déshonoré par son fils ou par son esclave. La puissance paternelle et dominicale est tellement sacrée à Rome, qu'elle doit être respectée dans celui qui en est revêtu, alors même qu'il a manqué aux devoirs qu'elle lui imposait. C'est une question d'ordre public et de haute convenance sociale.

Le droit français n'a pas admis qu'il puisse y avoir lieu à *condictio indebiti,* en matière de jeux, toutes les fois que les choses se sont passées loyalement entre les parties. D'après l'art. 1967 du Code Napoléon, le perdant ne peut jamais répéter ce qu'il a volontairement payé, à moins qu'il n'y ait eu, de la

part du gagnant, dol, supercherie ou escroquerie.
C'est dans une autre règle du droit romain qu'il faut
aller en chercher le motif : *Turpitudo versatur ex
utraque parte*, et dans ces circonstances *melior est
causa possidentis* (loi VIII, au Dig., *de Condictione ob
turpem causam*). Notre droit est certainement plus
conforme à l'équité naturelle, il est donc préférable
en principe. Cependant la répétition accordée au
perdant était peut-être le moyen le plus sûr de dé-
courager le jeu en lui enlevant l'attrait du gain.
C'est à ce point de vue que s'était placé le législateur
romain. Ce qui le prouve, ce sont les constitutions
de Justinien (loi Ire et III, au Code, *de Aleatoribus et
alearum lusu*), qui, si la répétition n'est pas exercée
par le gagnant, l'accordent à celui qui voudra l'in-
tenter, à l'évêque de la ville, au procurateur du
fisc, sans tenir aucun compte de la prescription de
cinquante ans. Accurse a cherché à expliquer, à justifier la répétition dont parle notre titre, et voici ce
qu'il dit : Lorsque la répétition est refusée par les
lois, c'est dans le cas où je vous ai donné quelque
chose pour faire le mal ; mais si je vous ai donné
cette chose en contractant avec vous, bien que la loi
réprime le contrat, la répétition doit pouvoir été
exercée. C'est bien subtil et bien peu concluant. La
vérité est comme nous venons de le dire, que si la loi
autorise la répétition dans notre cas particulier, c'est
à titre de peine, et pour prêter main-forte au sénatus-consulte qui défendait de jouer de l'argent à certains jeux. Sans cette raison spéciale et d'utilité publique, on serait retombé dans le droit commun, tel

qu'il existe lorsque *utriusque versatur turpitudo*. Que serait-il arrivé, en effet, si la répétition n'eût pas été accordée? Le jeu aurait été encouragé, du moins, dans les idées exagérées des partisans de la répétition, et les joueurs auraient trouvé dans leur contravention une occasion de faire un gain, et cela contre la défense du sénatus-consulte. Ainsi Cujas déclare que la répétition a été introduite en haine du jeu et par une singulière exception.

CHAPITRE IV.

De quelques jeux tolérés par loi.

Paul (loi II, au Dig., *de Aleatoribus*, § 1er) nous parle d'un sénatus-consulte qui défendait de jouer de l'argent. Il ne fit probablement que renouveler une prohibition antérieure; car nous voyons dans une philippique de Cicéron, que nous avons citée plus haut, que de son temps déjà, l'action publique était donnée contre les joueurs. Le sénatus-consulte permet néanmoins le jeu, quand il a un objet digne de faveur, s'il s'agit d'exercices propres à développer la force et l'adresse.

Le jurisconsulte Paul admet aussi (loi IV, *princ.*,

hoc tit.), qu'on peut, dans un festin, jouer son écot. Signalons ici une controverse de texte. L'édition que nous avons sous les yeux porte, comme la plupart : *Quod in convivio rescendi causa ponitur in eam rem familiæ ludere permittitur*. Cette leçon est celle de la florentine ; on a proposé de la corriger et de remplacer *familiæ* par *aleæ*. Cujas, Noodt et Pothier sont partisans de cette correction. Mais d'autres commentateurs la repoussent, et parmi eux nous citerons Antoine Faure. Quoi ! s'écrie-t-il presque avec indignation, joue-t-il donc pour un but utile et glorieux, celui qui joue pour manger ? N'est-il pas plutôt l'esclave de sa gloutonnerie ? Y a-t-il là une cause qui mérite tant de faveur auprès d'hommes tempérants comme nous devons tous l'être ? Est-il possible de justifier cette exception, autrement qu'en remarquant que c'est entre les membres de la famille seuls qu'on doit admettre un pareil jeu. Telle est le raisonnement de ceux qui ne veulent pas lire *aleæ* au lieu de *familiæ*. Quant à nous, nous sommes tenté de penser qu'il faut *aleæ*, et que si le législateur a formulé cette exception, c'est que, dans cette circonstance, le jeu, toujours modique à cause de son objet, est une occasion de réunion et de concorde, au lieu d'être une source de haine et de désordres.

L'empereur Justinien, unissant la rigueur du théologien à celle du jurisconsulte, défendit tous les jeux, excepté la course, le saut, l'exercice consistant à brandir une lance, la lutte et la course aux chevaux. Il ne permet même qu'aux riches de risquer à ces jeux quelque argent, à la condition que la somme ne dépasserait pas un solide. Il s'attache surtout à prohiber avec un soin particulier le jeu des chevaux de bois. On a peine à croire que ce jeu fût le jeu de bague que nous voyons tous les jours se produire sur nos places publiques. Car il est certes bien inoffensif, et n'a jamais, que nous sachions, provoqué de mesures rigoureuses de la part du législateur moderne. Les constitutions de Justinien se terminent par la défense faite aux clercs de jouer, sous les peines les plus sévères.

Tel est l'ensemble de la législation de Rome sur le jeu proprement dit. Le pari tient peu de place dans les textes. Nous trouvons, au titre *de Aleatoribus*, la loi III de Marcianus qui nous apprend qu'une loi Titia et Publicia et Cornelia reconnaissait comme licite le pari modéré fait à l'occasion de ces exercices utiles et dignes d'encouragement dont nous avons parlé à propos du jeu. Quant à toute autre gageure, elle est illicite et radicalement nulle.

———o●o———

CHAPITRE V.

De la légitimité des contrats aléatoires.

Il ne nous reste plus qu'à faire observer que si le jeu et le pari méritent bien peu notre sympathie, il n'en est pas de même de tout contrat aléatoire. Le hasard n'entre-t-il pas pour beaucoup dans les événements qui viennent souvent déjouer les plus habiles combinaisons et couronner les espérances les plus chimériques? Dès lors, comment ne pas tenir compte d'un agent aussi actif et aussi puissant? Comment empêcher l'homme prévoyant de se mettre en position de profiter des caprices de la fortune, ou d'échapper aux revers que lui réserve peut-être l'avenir? Est-il possible, du reste, d'obtenir de grands bénéfices sans s'exposer à quelques pertes? Où en seraient le commerce et l'industrie, sans l'audace de ceux qui leur donnent en un si grand essor? *Mercatores consueverunt futura prognosticari*, dit Scaccia (§ 1er, p. 1, n° 89). En effet, le crédit, sans lequel les transactions commerciales seraient anéanties, n'est-il pas lui-même quelque chose d'incertain, que peut détruire, d'un moment à l'autre, tel ou tel accident de force majeure? Disons-le donc hautement: les événements incertains sont une matière licite à contrats, et les espérances et les risques peuvent recevoir un prix. Ajoutons aussi qu'il faut quelque chose de plus solide et de plus réel que le désir bizarre de s'abandonner aux caprices de la fortune, pour fonder des causes sérieuses d'obligations entre les hommes. Nous pouvons citer parmi les contrats aléatoires dignes de faveur, l'assurance, la rente viagère et le prêt à grosse aventure. Les Romains ne connurent que la dernière de ces combinaisons: nous allons en esquisser rapidement les traits principaux.

DEUXIÈME PARTIE.

DE NAUTICO FŒNORE

(Lib. XXII, tit. II, au Dig.) — (Lib. IV, tit. XXXIII, au Code.)

CHAPITRE PREMIER.

Définition du prêt à la grosse. — Son utilité. — Son origine.

Le *nauticum fœnus,* ou prêt à la grosse aventure, est une espèce de contrat d'assurance qui, chez nous, appartient tout entier au droit commercial. C'était à Rome ce que c'est encore aujourd'hui, un contrat dans lequel l'emprunteur est déchargé de l'obligation de rendre la somme principale et le change, si le navire vient à périr dans le cours du voyage par fortune de mer. Mais aussi, pour prix de ce risque que court le prêteur, l'emprunteur s'engage, si le voyage est heureux, à payer, outre le capital, une

intérêt nautique beaucoup plus élevé que l'intérêt
légal de l'argent, et réglé au gré de la convention.
Cet intérêt a échappé aux préventions dont le prêt à
intérêt proprement dit a longtemps été l'objet ; en
effet, son taux élevé est le prix du risque que le prêteur consent à courir.

On voit combien un pareil contrat diffère du jeu
et du pari. Le prêt à grosse aventure dépend d'un
événement incertain, tandis que le jeu et le pari
n'ont pour cause que l'incertitude quelconque d'un
événement. Dans le premier de ces contrats, l'incertitude de l'événement n'est pas le seul motif qui met
les parties en présence. La faveur accordée par les
lois à l'assurance et au prêt à grosse aventure est
fondée sur deux choses : le péril de la mer, qui fait
que l'on ne s'expose à prêter son argent ou à garantir celui des autres, que moyennant un prix propor-
tionné aux chances que l'on court, et la facilité que
les assureurs et les prêteurs donnent aux assurés et
aux emprunteurs de faire promptement de grandes
affaires, et en grand nombre, au lieu que les obligations contractées au jeu n'étant fondées sur aucun
motif utile, ni raisonnable, ne peuvent appeler sur
elles la protection du législateur.

Qui ne voit, au reste, que loin d'être une source
de profits illicites, le prêt à la grosse aventure est
éminemment favorable au développement du commerce maritime ? Aussi son utilité incontestable le
rendit-elle d'un usage très-fréquent dans l'antiquité,
où la navigation était entourée des plus grands dangers. L'appât d'un bénéfice considérable pouvait

seul, on le conçoit, engager le prêteur à affronter les chances d'une perte imminente de son capital. Sans cette compensation lucrative, le commerce aurait langui, et les voyages de long cours seraient devenus extrêmement rares; c'est ce que comprirent parfaitement les Grecs et les Romains qui nous ont légué tout un ensemble de lois sur le prêt à grosse aventure.

Quels sont les caractères distinctifs du *nauticum fœnus*? N'y a-t-il pas certaines conventions dont parle notre titre, qui ont beaucoup d'analogie avec ce contrat, si bien que quelques commentateurs leur ont appliqué la dénomination de *quasi nauticum fœnus*? Enfin, en quoi consiste le prix du risque? Telles sont les questions que nous nous proposons d'examiner successivement.

——o◉o——

CHAPITRE II.

Des caractères distinctifs du prêt à la grosse et de certains contrats innommés qui s'y rattachent.

Le mot *fœnus* vient de *fœtus*, croît, parce que l'intérêt est en quelque un croît du capital qui le produit. Nous avons déjà défini le *fœnus nauticum*, que les Romains, prenant l'objet du contrat pour le contrat lui-même, appelaient aussi quelquefois *trajectitia pecunia. Trajectitia ea pecunia est quæ trans mare vehitur* (loi I, *princ.*, *de Nautico fœnore*, au Dig.).

Le prêt est trajectice, en prenant cette expression dans le sens que nous lui voyons attribuer par ce texte, non-seulement lorsqu'une somme d'argent est confiée à un navigateur qui se propose de l'emporter avec lui pour l'employer au lieu de destination du navire, comme dans l'hypothèse posée au paragraphe précédent, mais aussi quand les marchandises ont été acquises en échange de ces deniers, du consentement de celui qui les a fournis. Ces marchandises voyageant alors aux risques du prêteur, leur perte ou leur salut détermine la libération de l'emprunteur, ou son obligation de fournir le profit maritime : *Sed videndum an merces comparatæ in ea causa habeantur et interest utrum etiam ipsæ periculo creditoris navigent; tunc enim trajectitia pecunia sit* (loi I, au Dig., *de Naut. fœn.*).

Le *nauticum fœnus* est-il un *mutuum ?* Non, dit Cujas, car le *mutuum* est un contrat à titre gratuit, et le prêt à la grosse est essentiellement onéreux. Ce raisonnement n'est guère concluant, le *mutuum* d'argent peut avoir lieu de manière à produire des intérêts du moment qu'ils auront été stipulés; il y a plus, le *mutuum* de denrées peut également avoir cette conséquence au moyen d'un simple pacte. Du reste, que serait-ce si ce n'était pas un *mutuum ?* Un louage? mais la chose louée serait alors destinée à être consommée par le premier usage, ce qui est inadmissible; c'est donc un *mutuum*, mais avec cette différence que l'intérêt maritime pourra être dû par un simple pacte: *In his autem omnibus et pactum sine stipulatione ad augendam obligationem prodest* (loi V, § 1, au Dig., *hoc tit.*).

Le *prêt maritime* n'existait qu'à partir du moment où le risque devait commencer. La loi III de notre titre est ainsi conçue : *In nautica pecunia ex ea die periculum spectat creditorem, ex quo navem navigare conveniat.* Pas de risques, pas de prêt à grosse aventure. *Cæterum si eodem loco consumatur, non erit trajectitia* (loi I, au Dig., *de Naut. fœn.*). Il est de l'essence du *nauticum fœnus* que l'argent prêté soit aux risques du créancier ou du prêteur, à la différence de ce qui a lieu dans le *mutuum*, où tous les risques sont pour l'emprunteur. La loi IV, *de Naut. fœn.*, nous dit que si l'argent trajectice n'a jamais couru de risques ou n'en a couru que jusqu'à un certain terme, ce sera seulement l'intérêt ordinaire qui sera dû, pour tout le temps dans le premier cas, et à partir du terme dans le second. C'est ce qui ressort clairement aussi de la décision rapportée par la constitution II au Code *de Nautico fœnore*. En effet, il ne faut pas oublier que le taux de l'intérêt n'est si élevé que précisément à cause des risques que court le capital. On peut bien appeler trajectice, comme dans la loi IV, ci-dessus, l'argent fourni pour une expédition maritime, sous la condition qu'il ne sera pas aux risques du prêteur, mais on n'appliquera pas à un pareil contrat les règles particulières au *nauticum fœnus*.

La loi V de notre titre rapproche du *nauticum fœnus* certains contrats, qui ont en effet quelque analogie avec lui, ainsi que nous l'avons dit plus haut. Il nous suffira, pour en donner une idée, de citer le cas où je donne de l'argent à un athlète, afin qu'il puisse s'exercer, sous la condition que s'il triomphe, il me le rendra. Ici encore il n'y a pas d'*alea* condamnable. Nous n'avons pas en face de nous une de ces conventions illicites, qui, même lorsqu'elles ont été exécutées, peuvent être mises à néant par la répétition des sommes perdues. Pour qu'il y ait lieu à la *condictio*, il faut que le vainqueur doive l'argent qu'il a reçu à une cause injuste et odieuse.

CHAPITRE III.

Des risques et des intérêts qui en sont le prix.

Puisque le change maritime est le prix des risques, il est important de bien déterminer en quoi consistent ces risques. La perte du navire ou des marchandises, résultant d'un accident arrivé pendant le voyage, dans le temps fixé pour la convention, en-

traîne pour le prêteur la perte de la somme prêtée.
En l'absence de toute convention à cet égard, les
risques commençaient d'ordinaire au temps où l'on
était convenu que le navire mettrait à la voile (Dig.,
loi III, *hoc tit.*), et finissaient à l'arrivée au port du
navire et des marchandises.

La volonté des parties est toute-puissante. Elles
peuvent convenir que le prêt a lieu pour l'aller et le
retour, pour l'aller seulement, pour le retour seulement, ou pour un temps préfixe, ou jusqu'à l'arrivée
d'une condition. Nous trouvons au titre *de Verbo-*
rum obligationibus, loi CXXII, un exposé des faits
qui constituent le *nauticum fœnus*, en même temps
que la solution de quelques difficultés qu'il soulève.
Voici l'espèce :

« Callimachus a reçu de l'argent en prêt à la
« grosse de Stichus, esclave de Seius, pour un
« voyage de Bérite en Syrie à Brindes. Le délai de la
« navigation a été fixé à deux cents jours, et l'em-
« prunteur a engagé et hypothéqué à la garantie du
« prêt les marchandises achetées à Bérite pour être
« transportées à Brindes, et celles achetées à Brindes
« pour être rapportées à Bérite.

« De plus, il a été convenu entre les parties que,
« lorsque Callimachus serait parvenu à Brindes, il
« achèterait d'autres marchandises, en chargerait le
« navire, et s'embarquerait lui-même pour la Syrie,
« le tout avant les ides de septembre prochain ; que
« si, dans le délai fixé, la marchandise n'était pas
« prête, et qu'il ne fût pas revenu de Brindes, il ren-
« drait tout de suite la somme prêtée, comme si le

« voyage était terminé, et payerait aux personnes
« chargées de recevoir cette somme le montant des
« frais nécessaires pour la faire parvenir à Rome.
« Callimachus a promis de remplir tous ses enga-
« gements, sur l'interrogation de Stichus, esclave de
« Seius. »

Qu'arrive-t-il? Callimachus paraît remplir toutes
les conditions. « Avant les ides de septembre, ainsi
« que le voulait la convention, il avait chargé les
« marchandises sur le navire, et s'était mis en route
« avec Héros, compagnon d'esclavage de Stichus,
« comme pour revenir dans la province de Syrie.
« Mais le navire est submergé ; on se demande si
« Callimachus, ayant chargé les marchandises sui-
« vant son engagement, et les ayant expédiées au
« temps où déjà il aurait dû rendre à Brindes l'argent
« pour le faire parvenir à Rome, ne pourra pas in-
« voquer la présence et le consentement d'Héros,
« qui avait bien mission de l'accompagner, mais
« auquel aucun autre mandat n'avait été donné de-
« puis la convention, relativement à la somme prê-
« tée, que de la recevoir et de la transporter à Rome.
« Callimachus est-il tenu par l'action *ex stipulatu*
« de l'argent prêté envers le maître de Stichus? Le
« jurisconsulte répond que, d'après les faits qui
« viennent d'être exposés, il est tenu. »

Ce texte a donné lieu à beaucoup de discussions.
Les commentateurs les plus célèbres, Alciat, Do-
neau, Pothier, soutiennent qu'il est impossible de
l'entendre tel qu'il est, sans lui faire subir une correction. En effet, disent-ils, il apparaît d'abord que

Callimachus a rempli tous ses engagements : *Et cum ante idus supra scriptas secundum conventionem mercibus in navem impositis, quasi in provinciam Suriam perventurus enavigavit;* et que, le naufrage venant à détruire son navire, il doit être libéré de toute obligation envers le maître de Stichus. Or, c'est la décision contraire que donne Scœvola. En conséquence ils proposent de lire : *Et cum non ante idus*, etc. D'autres jurisconsultes pensent qu'au lieu de *merces perferendas in navem misisset*, il faut mettre : *merces perferens in navem mansisset eo tempore*, etc. Ces deux explications sont fort ingénieuses, mais elles ont le tort de reposer entièrement sur des hypothèses que rien dans le texte n'autorise ni ne justifie. Nous aimons bien mieux prendre la loi telle qu'elle est, et l'expliquer avec Cujas, en faisant remarquer que Scœvola dit : *Enavigagit quasi in provinciam Suriam perventurus.* Ce mot *quasi* a dû être mis avec intention, c'est sur lui que nous insistons. Callimachus a chargé ses marchandises, il est parti de Brindes dans le délai convenu, mais *comme pour retourner en Syrie;* ce qui fait supposer qu'il n'a pas pris la direction qu'il aurait dû prendre. Son voyage en a été prolongé, et les dangers se sont augmentés en raison de la durée de la navigation. Il n'est donc pas exact de dire que les clauses du contrat ont été fidèlement observées, et dès lors il est juste de donner contre Callimachus l'action *ex stipulatu.* Le mot *quasi* ne s'explique bien qu'avec ce système, qui a de plus le mérite de s'accommoder du texte même.

Il résulte de cette loi ainsi que de la loi III, *de Nautico fœnore*, au Code, que le prêteur ne courait le péril de la perte de son argent que si le sinistre avait lieu dans le temps des risques.

Le change maritime n'est pas à proprement parler un intérêt. C'est ce que fait très-bien ressortir le jurisconsulte Scævola (loi V, *hoc tit.*), qui l'appelle *periculi pretium*. Si l'on aime mieux, la somme que l'emprunteur s'engage à rendre au prêteur se compose de deux éléments parfaitement distincts au fond, bien qu'ils se présentent confus en apparence ; c'est d'abord la compensation de la jouissance du capital, puis le prix du risque que court ce capital.

Puisque nous avons parlé de la loi V de notre titre, nous allons dire un mot des difficultés qu'elle présente. Elle est ainsi conçue : « Perinde pretium est, « etsi, conditione quamvis pœnali non existente, « recepturus sis quod dederis, et insuper aliquid, « præter pecuniam, si modo in aleæ speciem non « cadat, veluti ea, ex quibus conditiones nasci so- « lent, ut si manumittas, si non illud facias, si non « convaluero, et cætera. »

Il nous semble que la traduction littérale est la meilleure, et que rien ne s'oppose à ce que nous disions avec le texte : Le prix du risque consiste, alors même qu'il n'y a pas de clause pénale dans le contrat, en ce que vous devez recevoir non-seulement l'argent que vous avez donné, mais encore quelque chose de plus que cet argent, si toutefois la convention ne dégénère pas en une espèce de jeu,

par exemple quand il s'agit de contrats qui donnent
naissance à des conditions, comme au cas où je vous
remets de l'argent en stipulant que vous me le ren-
drez, et de plus les intérêts convenus, si vous n'af-
franchissez pas tel esclave, si vous ne faites pas telle
chose, si je ne guéris pas, etc.

La loi IX du même titre, dont nous aurons l'occasion de parler plus tard, paraît venir à l'appui du
maintien de ce texte, car elle prévoit l'hypothèse où
le débiteur est soumis par la convention à une peine
à défaut de paiement d'une somme de transport :
Si trajectitiæ pecuniæ, uti solet, pœna promissa est.
Donc il pouvait se faire qu'il n'y eût pas de peine
stipulée. Dès lors, la loi V dont il s'agit ne devait-
elle pas, en définissant ce qu'il faut entendre par
periculi pretium, embrasser tous les cas, même celui
où une clause pénale n'aurait pas été insérée, car
l'usage, ainsi que nous le dit le jurisconsulte Labéon,
ayant rendu cette clause d'une pratique constante,
des doutes auraient pu s'élever sur le point de savoir
si la présence ou l'absence d'une peine dans la convention devait exercer une influence sur le prix du
risque.

Le sens que nous avons donné à cette loi nous
paraît donc très-naturel et en harmonie parfaite avec
ce qui suit : « Nec dubitabis, si piscatori erogaturo
« in apparatum, plurimum pecuniæ dederim, ut si
« cepisset, redderet : et athletæ, unde se exhiberet
« exerceretque, ut si vicisset, redderet. » La seule
conclusion à tirer de cette loi, c'est que, en matière
de contrats aléatoires en général, les intérêts sont le

prix du risque, mais que, s'il y a convention de jeu,
on n'a pas le droit d'exiger le *periculi pretium.*

Aussi ne comprenons-nous pas bien l'embarras de
quelques commentateurs, de Cujas entre autres, qui
ont cru devoir torturer et remanier le texte pour lui
faire dire ce qu'ils voulaient. Au lieu de, *et si conditione quamvis pœnali non existente,* Cujas lit *etsi
conditione quamvis non pœnali existente,* ce qui veut
dire que le prix du danger couru peut être exigé,
quoiqu'il n'y ait pas lieu d'appliquer une peine : puis
au lieu de *si modo in aleœ speciem non cadat,* pourvu
que le contrat ne dégénéré pas en une espèce de gageure, il propose *si modo in aliam speciem non cadat,
veluti ex ea quibus condictiones nasci solent, ut si
manumittas,* etc., et alors il faut traduire : Il y a
lieu de donner un prix pour le danger couru, pourvu
que le contrat reste ce qu'il est, un prêt, et ne de-
vienne pas une de ces opérations qui donnent naissance à des *condictiones ob rem dati,* comme cela a
lieu lorsque vous donnez sous la condition *si manumittas,* etc.

Nous le répétons, nous aimons mieux nous en tenir
au texte, car nous ne voyons rien de contraire aux
principes dans la convention par laquelle une personne prête ou donne à une autre une somme d'argent, en stipulant que tel fait venant à s'accomplir,
cette somme lui sera rendue augmentée d'un intérêt
suffisant pour l'indemniser, non-seulement de la
jouissance dont elle a été privée, mais encore du risque qu'elle a couru.

Nous n'avons étudié jusqu'à présent que la question des risques, il est temps de nous occuper du prix de ces risques. Déjà nous avons dit qu'il pouvait et devait s'élever en raison de la gravité du péril. — Ce principe qui est élémentaire dans tous les contrats aléatoires, régna sans contestation dans l'ancien droit. Paul, dans ses *Sentences* (liv. II, t. xiv), nous dit : *Trajectitia pecunia infinitas usuras recipere potest.* Mais Justinien, par sa constitution *de Usuris*, 26, au Code, réduisit le taux des intérêts dans le *nauticum fœnus* à la *centesima*, c'est-à-dire au taux ancien de l'intérêt légal. C'est là, n'hésitons pas à le dire, une restriction incompatible avec l'essence même du *nauticum fœnus* en particulier et des contrats aléatoires en général.

Mais qu'est-ce que la *centesima*? En d'autres termes, quel était le taux légal de l'intérêt à Rome? C'est un point très-controversé.

Une opinion fort accréditée parmi les anciens auteurs, et presque abandonnée aujourd'hui, veut que ce soit l'intérêt de cent pour cent. Dans ce système, on prend l'as comme représentant le capital prêté : or l'as valait douze onces. Comme le créancier exigeait par mois une once d'intérêt, au bout de douze mois les intérêts égalaient le capital. Nous ne nous attacherons pas à réfuter cette opinion : l'exagération d'un pareil intérêt est trop évidente et trop monstrueuse pour avoir jamais été consacrée par aucune législation.

Dans une seconde opinion, l'*unciarium fœnus* serait de un pour cent par an. Ici encore il y a une impossibilité flagrante. Autant aurait valu proscrire le prêt à intérêt que d'en réduire ainsi le taux d'une manière illusoire.

A côté de ces deux systèmes qui nous paraissent également insoutenables, viennent s'en placer deux autres, entre lesquels il est plus difficile de se prononcer.

M. Niebuhr a soutenu que l'*unciarium fœnus* était le denier 12 par an ou 8 1/3 pour 100. Seulement il fait remarquer que l'année romaine étant de dix mois, les 8 1/3 pour cent pour cette année de dix mois équivalent à 10 pour cent pour notre année de douze mois.

Ce n'est qu'incidemment que nous examinons cette grave question du taux légal de l'intérêt chez les Romains; nous ne pouvons donc entrer dans tous les détails que nécessiterait une discussion approfondie. Nous devons nous borner à exposer l'opinion qui nous paraît la mieux fondée.

Nous pensons que la *centesima* n'était pas autre chose que l'intérêt de 12 pour cent, soit 1 pour cent par mois. En effet, à Rome les intérêts se payaient à la fin de chaque mois; plusieurs textes au Digeste l'établissent d'une façon irrécusable (loi XLI, *de Rebus creditis*). Or en payant à chaque mois la *centesima*, c'est-à-dire la centième partie du capital, on arrive à avoir payé au bout de douze mois douze fois cette centième partie, soit 12 pour cent. C'était là le maximum du profit maritime d'après la constitution XXVI, *de Usuris*. Il était plus élevé que l'intérêt ordinaire qui était, à cette époque, de 6 pour cent et que l'intérêt commercial qui était de huit pour cent.

On avait donc voulu tenir compte des risques, tout en prononçant une limitation qui, nous ne saurions trop le répéter, est contraire aux principes. D'après cette même constitution, toute action est refusée pour la portion des intérêts excédant le taux fixé, et tout ce qui aura été payé au delà de cette mesure devra être imputé sur le capital. Toutes espèces de retenues sont également défendues, et s'il en a été fait par le préteur, le montant en sera retranché du principal de la dette.

Justinien paraît avoir voulu revenir à de plus saines doctrines. Par la novelle 106, il abrogea la loi XXVI en ce qui touche le prêt maritime. Il est démontré, d'après le texte, que les prêteurs avaient coutume de percevoir 10 solides pour une somme de 100 solides, et que de plus, ils chargeaient le navire d'autant de mesures d'orge et de froment qu'ils avaient prêté de solides ; l'emprunteur payait, en outre, les droits établis sur ces marchandises. « Et si quidem placue-
« rit creditoribus in singulis solidis pecuniarum,
« quas dederint, unum tritici modium aut hordei
« imponere qui mercedem publicis præberent telo-
« niariis, sed quantum ad ipsos sive telonio navigare
« naves, et hunc habere fructum et harum, quas
« crediderint, pecuniarum, et insuper etiam pro de-
« cem aureis unum percipere solidum pro usuris. »
Cette combinaison élevait effectivement le profit maritime bien au-dessus de la *centesima usura*. D'autres percevaient à titre d'intérêts le huitième de chaque solide. Et dans toutes les hypothèses, ces intérêts étaient perçus, pour chaque voyage, quelle que

fut sa durée, et non point pour un temps déterminé.

Cette novelle 106 n'a qu'une importance historique, car son existence fut éphémère. La novelle 110 l'ayant abrogée, le dernier état de la législation est contenu dans la loi XXVI, *de Usuris*. Dès lors l'intérêt ne put excéder 12 pour cent, et fut perçu, dans le prêt à la grosse, comme dans tout autre prêt, non plus par voyage, mais bien à raison du temps durant lequel l'emprunteur avait joui de la somme prêtée. Du moins c'est là ce qui nous paraît ressortir de la constitution qui ne distingue pas le prêt à grosse aventure des autres espèces de prêt.

Nous avons établi plus haut que le *nauticum fœnus* n'était qu'un *mutuum*, où l'argent prêté restait aux risques du prêteur. Quant aux intérêts représentant le prix de ces risques, ils étaient dus en vertu d'un simple pacte, ainsi que l'atteste la loi V, § 1, de notre titre au Digeste.

Quelle action attacherons-nous à ce contrat ? En l'absence de texte qui résolve cette question, le doute est permis. Dans une opinion qui a pour elle M. de Savigny, on dit que le *nauticum fœnus* n'est pas un *mutuum* proprement dit, mais bien un contrat *sui generis*, qui rentre dans la classe des contrats innommés, et qui par conséquent donne lieu à l'action *præscriptis verbis*. Mais nous qui voyons dans ce contrat un véritable *mutuum*, modifié par les conventions des parties, nous donnerons aux préteurs la *condictio certi* pour le capital et les intérêts. Bien entendu si les intérêts ne devaient pas être perçus à raison d'un temps fixe et déterminé, mais bien, comme cela se pratiquait à une certaine époque, par voyage, la *condictio certi* ne s'appliquerait qu'au capital, pour le reste on donnerait une *condictio incerti*.

Le profit maritime était irrévocablement dû, aussitôt que les risques avaient cessé. Aussi quand le prêt n'avait été fait que pour une partie de la navigation, le créancier embarquait un de ses esclaves qui était chargé de toucher l'argent au moment convenu du remboursement.

———◦❂◦———

CHAPITRE IV.

Des intérêts dus en dehors du prix des risques.

Outre le capital et le profit maritime, l'emprunteur était souvent exposé, quand il y avait eu à cet égard une convention spéciale, à payer des intérêts à titre de peine, soit pour le retard qu'il aurait apporté à l'accomplissement de ses obligations, soit pour indemniser le prêteur des services de son esclave obligé d'attendre le paiement. La loi IX *de Naut. fœn.* au Dig. suppose l'existence de cette convention et la regarde même comme habituelle.

Il n'en était pas de cette indemnité comme du profit

maritime. Elle ne pouvait en aucun cas dépasser le taux de l'intérêt légal. C'est ce que dit en propres termes le § 1 de la loi IV au Dig, *Pro operis servi trajectitiæ pecuniæ gratia seculi quod in singulos dies, in stipulatum deductum est, ad finem centesimæ non ultra duplum debetur.*

Le profit maritime pouvait être dû en vertu d'un simple pacte, en était-il de même des intérêts à titre de peine? Nous ne le croyons pas. En effet, il est de principe que les intérêts ne peuvent être dûs qu'en vertu d'une stipulation.

Il est bien vrai que dans le *nauticum fœnus* et dans tous les contrats où la somme prêtée est aux risques du prêteur, le prix du risque, *periculi pretium*, est dû en vertu d'un simple pacte, *In his autem omnibus et pactum sine stipulatione ad augendam obligationem prodest* (Dig., loi V, § 1, *de Naut. fœn.*). Mais c'est là une exception que rien n'autorise à étendre aux intérêts dûs en dehors du profit maritime. Et d'ailleurs dans la loi IV, *eod. tit.*, qui parle de ces intérêts, le jurisconsulte suppose constamment une stipulation, *Pro operis servi..... quod..... stipulatum deductum est..... non ultra duplum debetur. In stipulatione fœnoris post diem periculi separatim interposita quod in ea legitimæ usuræ deerit, per alteram stipulationem operarum supplebitur.* Néanmoins cette opinion est loin d'être universellement admise : de savants jurisconsultes pensent que le texte ne s'est servi du mot stipulation que parce que la stipulation était le mode le plus habituellement employé pour s'obliger et que le législateur n'a pas entendu par là exclure la simple convention. Il peut, en effet, paraître singulier qu'une stipulation soit nécessaire pour produire la dette d'une indemnité, soit à raison du retard mis au remboursement du prêt, soit à raison du temps perdu par l'esclave chargé de poursuivre ce remboursement, alors qu'il suffit d'un simple pacte pour faire produire les intérêts maritimes.

Pothier examine la question de savoir sur quoi devait se calculer l'intérêt stipulé à titre de peine. Il conclut selon toute apparence de raison que le profit maritime étant un accessoire et une espèce d'intérêt de la somme prêtée, puisqu'on l'appelle *nautica usura*, ce serait violer les lois qui prohibent l'anatocisme que de les réunir au capital prêté pour établir le montant de la peine (*De Usuris* au Code, loi XXVIII).

Faut-il distinguer ce qui a été stipulé à titre d'intérêt pour le retard, de ce qui l'a été pour le service de l'esclave? C'est l'opinion de Cujas, qui, pour démontrer l'utilité de cette distinction, suppose que l'on est convenu d'une somme déterminée pour tout le temps des services de l'esclave. Mais nous ne pouvons admettre qu'il en fût ainsi, car les textes sont unanimes pour confondre et traiter d'une manière identique ces deux causes productives d'intérêts.

Nous lisons dans la loi II de notre titre que, d'après Labéon, si le débiteur est absent et par conséquent ne peut être interpellé par le créancier, celui-ci peut suppléer à cette interpellation en faisant constater sa demande par témoins. *Si nemo sit, qui a parte promissoris interpellari trajectitiœ pecuniœ possit, id ipsum testatione complecti debere, ut pro petitione id cederet.*

Il résulte évidemment de ce texte que le débiteur n'est pas en demeure, par la simple échéance du terme, qu'il faut en outre qu'il ait été interpellé. Cette décision, que nous trouvons si clairement rapportée dans notre titre, n'était pas admise sans contestation. La loi XXIII, *de Oblig. et act.*, suppose au contraire qu'il n'y a pas besoin d'interpellation pour mettre le débiteur en demeure. Le jurisconsulte Africain n'hésite pas : « Consultus respondit, ejus quoque temporis quo interpellatus non esset, pœnam peti posse, *amplius etiam si omnino non interpellatus esset.* » Cette question, si vivement controversée dans l'ancien droit, résolue dans le premier sens par les Proculiens, et dans le second par les Sabiniens, cesse d'avoir un intérêt aussi grand à partir de Justinien qui a tranché la difficulté en déclarant dans sa constitution XII au Code, *de Contrahenda et committenda stipulatione*, qu'il faudrait une interpellation pour mettre le débiteur en demeure, et par conséquent pour que la peine fût encourue.

Servius est d'avis, dit Ulpien dans la loi VIII de notre titre, que le créancier ne peut point exiger une peine de son débiteur, en matière d'argent de transport, s'il n'a tenu qu'à lui de recevoir son argent dans le temps convenu. Comment pourrait-il faire supporter à son débiteur les conséquences de sa propre faute ?

On s'est demandé si le créancier aurait droit à des intérêts en dehors du profit maritime, dans le cas

où l'éventualité d'un retard n'ayant pas été prévue par les parties, aucune stipulation n'aurait eu
lieu à l'égard de ces intérêts. La réponse doit être
négative, si l'on admet avec nous que le *fœnus nauticum* n'est qu'un *mutuum*. La mise en demeure et
la *litis contestatio* ne sauraient faire courir les intérêts. Il s'agit ici, ne l'oublions pas, d'une *condictio
certi.*

Cette dernière action ne suffira pas toujours au
créancier. Nous lui donnerons aussi l'action *de Eo
quod certo loco*, afin de ne pas le laisser désarmé,
si son débiteur évite de se trouver au lieu convenu
pour le remboursement. Le créancier pourra ainsi
le poursuivre partout et le faire condamner à lui
payer le capital prêté, les intérêts maritimes, et de
plus, des dommages-intérêts excédant le taux légal.
Il est juste que le débiteur de mauvaise foi soit puni
d'une fraude qui a pu porter à son créancier le plus
grave préjudice. (Loi II, § 8, *de Eo quod certo loco*.)

———o◉o———

CHAPITRE V.

Des garanties affectées par l'emprunteur à la sûreté du capital prêté.

Il nous reste à examiner une dernière question
qui touche aux matières les plus délicates : nous

voulons parler des garanties que le prêteur pouvait se faire donner par l'emprunteur pour assurer le remboursement de sa créance.

Presque toujours, l'emprunteur consentait au profit du prêteur une hypothèque sur les marchandises et le navire acquis des deniers prêtés. Cette combinaison était la plus simple et la plus efficace. Nous trouvons dans le Digeste la preuve qu'elle était très-usuelle. Nous pouvons citer notamment la loi VI de notre titre : *Fœnerator, pecuniam usuris mariti-mis mutuam dando, quasdam merces in nave pignori accepit.* Il résulte même de cette loi que l'hypo-thèque pouvait être donnée non-seulement sur les marchandises du vaisseau du débiteur, mais encore sur d'autres marchandises chargées sur d'autres vaisseaux, et déjà obligées à d'autres prêteurs. *Ex quibus (mercibus) si non potuisset totum debitum exsolvi, aliarum mercium aliis navibus impositarum, propriisque fœneratoribus obligatarum, si quid su-perfuisset, pignori accepit (fœnerator).*

Mais ces marchandises étaient achetées pour être revendues. L'hypothèque dont elles étaient grevées ne devait pas empêcher l'emprunteur d'atteindre le but qu'il se proposait. Il pouvait donc les vendre, et alors celles qu'il se procurait en échange se trouvaient subrogées à celles qui avaient été vendues. Nous avons rencontré, au commencement de cette étude, un exemple de cette subrogation dans la loi CXXII *de Verborum obligationibus,* où il est question d'un emprunteur qui a engagé-et hypothéqué à la garantie du prêt les marchandises achetées à Bérite pour être transportées à Brindes, et celles achetées à Brindes pour être rapportées à Bérite.

Il faut, pour qu'il y ait lieu à une pareille subrogation, que le prêt ait été fait pour l'aller et le retour.

Pas de difficulté lorsque le prêteur, créancier hypothécaire, se trouve en présence de son débiteur seulement ; mais s'il est en lutte avec d'autres créanciers, à l'instant surgissent les questions de préférence et de privilége.

En droit romain, le rang se réglait par la date du contrat d'hypothèque : *potior tempore, potior jure.* Ulpien (loi V, *Qui potiores in pignore habeantur,* au Digeste) cite comme exception à cette règle un exemple qui se rapporte précisément à notre matière. Quelquefois, dit-il, le second créancier est préférable au premier, par exemple si l'argent prêté par le second créancier a été dépensé pour conserver la chose : ainsi un navire étant hypothéqué, j'ai prêté pour l'armer et le radouber ; de même dans le § 1 de la loi VI, *de Naut. fœn.,* si un créancier prête sur des marchandises hypothéquées soit pour les sauver, soit pour payer le nolis, il sera préférable, quoique postérieur en date, car le nolis lui-même est préféré.

Ce privilége tient à la nature des choses. Celui qui a conservé le gage a fait l'affaire de tous les créanciers, c'est à lui qu'ils doivent de n'avoir pas tout perdu. Comment donc pourrait-on concevoir qu'il ne leur fût pas préféré ?

Il n'en fallait pas moins une convention pour

conférer au créancier une hypothèque même dans
le cas où le prêt devait être employé à l'achat, la
construction ou l'équipement d'un navire. Car le
privilége ne donnait pas un droit réel propre, comme
chez nous. La créance privilégiée, si elle était chi‑
rographaire, restait chirographaire et ne pouvait
primer que les créances de la même nature, en sorte
qu'elle était primée à son tour par toutes les créances
hypothécaires. C'est ainsi dans notre espèce que le
créancier, dont l'argent a servi à réparer le navire,
sera préféré à tous créanciers hypothécaires antérieurs à lui, s'il a eu soin de se faire donner une
hypothèque par le débiteur, mais qu'en l'absence de
toute convention à cet égard, son privilége sera op-
posable aux créanciers chirographaires seulement.
Il est vrai qu'un sénatus-consulte de Marc-Aurèle
(loi I, *In quibus caus. pign. vel hyp.*, au Dig.) accorde, à celui qui a prêté de l'argent pour réparer
une maison, une hypothèque toute privilégiée. Mais
nous ne voyons pas qu'on puisse raisonner ici par
analogie, comme l'a fait Accurse, assimiler un navire à une maison, et donner le même *privilegium*
pour les deniers qui ont servi à réparer l'un ou
l'autre. Il faudrait un texte spécial, nous ne le trouvons nulle part. Il ne nous est pas permis d'y suppléer. Le sénatus-consulte consacre une exception,
nous ne pouvons l'appliquer à un cas autre que celui
qu'il prévoit. Et d'ailleurs, qui peut affirmer que le
législateur ait voulu favoriser également les deux
prêteurs dont il s'agit? Ne savons-nous pas que les
Romains encourageaient tout ce qui pouvait augmen-

ter ou embellir la ville? L'action *ad exhibendum* n'est-ellepas refusée dans certains cas, *ne urbs ruinis deformetur*. Il y a, dans l'espèce prévue par le sénatus-consulte, un intérêt public qui n'est pas aussi important ou tout au moins aussi frappant, quand il s'agit, non plus de la réparation d'une maison, mais de la restauration d'un navire. On conçoit donc très-bien qu'il ne faut pas conclure nécessairement, que s'il y a privilége dans le premier cas, il doit y avoir également privilége dans le second. La loi XVII, *de Pign. et hyp.*, au Code, contient la règle générale à laquelle nous devons nous conformer, en l'absence d'une exception formellement exprimée. Nous y voyons qu'à défaut d'une hypothèque expresse, il n'en existe pas de tacite au profit du créancier qui a prêté des deniers pour l'achat d'un immeuble.

On n'est même pas très-bien d'accord sur la portée du sénatus-consulte : « Quelques textes ne donnent au prêteur de deniers qui ont servi à la reconstruction de la maison qu'un *privilegium exigendi* (*de Reb. cred.*, loi XXV ; — *de Cess. bonorum*, loi I). » C'est peut-être là le *privilegium* dont a voulu parler Marc-Aurèle. Quoi qu'il en soit, nous n'appliquerons pas ce sénatus-consulte au *fœnus nauticum*, auquel il est complétement étranger.

Nous terminerons en exposant une dernière hypothèse prévue par la loi VI de notre titre. Paul suppose qu'un créancier qui prêtait de l'argent à des intérêts maritimes, a reçu en gage des marchandises qui étaient dans le vaisseau, et que dans le cas où ces marchandises ne suffiraient pas pour le payer en

entier, on lui en a engagé d'autres chargées sur
d'autres navires, et déjà obligées à ceux qui
avaient prêté sur ces vaisseaux, en sorte que ce qui
resterait de ces marchandises, les créanciers antérieurs satisfaits, fût engagé à celui dont nous parlons.
On a demandé si, dans le cas où le bâtiment sur lequel le créancier avait mis son argent périrait dans
le temps fixé pour sa navigation, chargé de marchandises suffisantes pour payer le créancier en
entier, la perte devait regarder ce dernier, ou s'il
pourrait encore être admis sur ce qui resterait des
autres vaisseaux. — Et le jurisconsulte répond :
Dans les prêts ordinaires, la diminution de la chose
donnée en gage regarde le débiteur et non pas le
créancier, mais en matière d'argent de transport, la
condition est que le créancier ne pourra rien demander qu'autant que le vaisseau sera heureusement
arrivé dans le temps convenu, *sed cum trajectitia
pecunia ita datur ut non alias petitio ejus creditori
competat, quam si salva navis intra statuta tempora
pervenerit.* De cette manière, dans l'espèce proposée,
la condition n'ayant point eu lieu, la créance tombe,
et par suite l'action sur les gages ne subsiste plus,
même à l'égard de ceux qui n'ont point été perdus;
puisque le vaisseau ayant péri dans le temps fixé
pour sa navigation, la condition exprimée dans la
stipulation n'a point eu lieu : en sorte qu'on ne peut
élever aucune question au sujet des gages qui sont
dans les autres vaisseaux.

Dans quels cas ce créancier pourra-t-il donc être
admis à réclamer les gages qui étaient sur les autres

vaisseaux ? Il le pourra si la condition sous laquelle l'obligation est contractée est arrivée, et si les gages qu'il a reçus étant sur le vaisseau sur lequel il a prêté son argent ont été perdus par quelque autre accident, ou si ces gages ont été vendus à plus bas prix qu'ils n'avaient été estimés, ou encore si le vaisseau n'est péri qu'après le temps pendant lequel le créancier devait en courir les risques.

Si nous avons produit ici cette hypothèse, c'est uniquement afin de donner un tableau complet du titre que nous venons d'étudier, car elle n'offre en elle-même aucune difficulté, et la décision du jurisconsulte n'est qu'une application pure et simple des règles relatives aux contrats dont l'existence est subordonnée à l'événement d'une condition.

On voit, par le nombre des questions soulevées à l'occasion du *fœnus nauticum*, combien ce contrat était fréquent chez les Romains. Dans une société peu avancée sous le rapport de l'industrie et des entreprises commerciales, comme l'était celle de Rome, le prêt à la grosse offrait seul aux capitalistes assez hardis pour s'exposer à quelques chances de perte, les moyens de faire rapporter à leur argent un intérêt très-considérable. Aussi était-il pratiqué nonseulement par ceux dont le métier consistait à faire le commerce de l'argent, les banquiers, usuriers et prêteurs sur gages, *argentarii, trapezitæ, mensarii,* mais encore par les plus illustres représentants du patriciat. Plutarque nous raconte que Caton s'y livrait avec ardeur, et à un taux souvent excessif. Cette propension des capitaux vers la spéculation prit des proportions exagérées, qui eurent pour résultat fâcheux de faire négliger l'agriculture, jusqu'alors si chère aux Romains. Ce fut peut-être même l'excès du mal qui décida Justinien à apporter une limite au taux de l'intérêt maritime. Cette mesure que nous avons condamnée au nom des principes qui régissent les contrats aléatoires, s'expliquerait alors par des considérations d'économie politique bien dignes de fixer l'attention du législateur.

L'Italie, si fertile et si puissante à l'époque où ses plus grands citoyens n'abandonnaient la charrue que pour défendre la patrie, ne présente plus à l'historien de l'empire romain que le spectacle d'une population énervée par le luxe et l'oisiveté, que la Sicile et l'Égypte nourrissent jusqu'au moment où elle devient la proie des barbares. C'est que les travaux des champs peuvent seuls former des soldats, tout en produisant les richesses les plus réelles. Pourquoi Justinien n'aurait-il pas été frappé de cette vérité et guidé dans sa limitation des bénéfices maritimes par l'idée de ramener les capitaux vers l'agriculture, en enlevant au prêt à la grosse l'appât séduisant qu'il offrait à la spéculation?

C'est là une conjecture que nous nous bornons à émettre sans avoir le temps de la développer, car nous sommes arrivés au terme de la partie de cette étude qui concerne le droit romain.

DROIT FRANÇAIS.

DES CONTRATS ALÉATOIRES DE DROIT CIVIL.

INTRODUCTION.

Le législateur a consacré à la division des contrats quelques articles qui figurent en tête du chapitre relatif aux obligations. Après avoir énuméré les contrats synallagmatiques et unilatéraux, à titre gratuit et à titre onéreux, il distingue les contrats commutatifs des contrats aléatoires (art. 1104, C. Nap.). Le contrat est commutatif, lorsque dès l'origine chacune des parties reçoit l'équivalent de ce qu'elle donne, ou de ce qu'elle fait pour les autres. L'article ajoute que le contrat est aléatoire lorsque l'équivalent consiste dans la chance de gain ou de perte pour chacune des parties, d'après un événement futur et incertain.

Il semble qu'il y ait contradiction entre cette définition et celle donnée par l'art. 1964, C. Nap., d'après laquelle le contrat est aléatoire, dès qu'il y a chance de gain ou de perte pour l'une des parties seulement. On cite comme démontrant la vérité de

cette dernière proposition le contrat d'assurances
que la loi regarde comme aléatoire. L'assuré, dit-on,
n'a aucune chance de gain, puisque l'assureur ne
s'engage qu'à l'indemniser de certaines pertes ; l'assureur seul a une chance de gain, la prime. Mais ce
raisonnement péche par la base. En y regardant de
près, on s'aperçoit bien vite qu'ici il y a chance de
gain pour les deux parties. L'assuré peut gagner tout
ce qu'il perdrait s'il n'était pas assuré. Du reste, le
bon sens nous dit, que du moment où l'une des parties est exposée à perdre, l'autre court la chance de
gagner.

Il faut soigneusement distinguer les contrats commutatifs des contrats aléatoires, au point de vue de la
limitation du taux de l'intérêt et de la lésion qui en-
traîne quelquefois la rescision des premiers, tandis
qu'elle ne peut jamais avoir d'influence sur la validité des seconds. Dans l'ancien droit, tous les contrats à titre onéreux relatifs à des immeubles étaient
rescindables pour cause de lésion d'outre moitié,
même entre majeurs. Cette cause de rescision n'existe
aujourd'hui que pour les mineurs, et il n'est pas
alors question de lésion d'outre moitié. Entre majeurs la lésion n'est admise comme cause de rescision
que dans le partage, si elle est de plus du quart, et
dans la vente si elle est de plus des sept douzièmes.
Elle ne peut être prononcée qu'au profit du vendeur,
jamais au profit de l'acheteur. La loi suppose que
l'acheteur a abusé de la gêne du vendeur pour faire
un bénéfice considérable, tandis que personne n'est
forcé d'acheter. Il faut, en outre, qu'il s'agisse d'une

vente d'immeubles. Mais il s'élève des difficultés sur le point de savoir si la rescision pourrait être prononcée dans le cas où il y aurait une lésion énorme dans une vente d'usufruit; si, par exemple, cette vente avait été consentie pour une somme telle que, l'usufruit devant cesser le lendemain, le vendeur serait encore en perte. La rescision pourrait-elle être accordée au vendeur? La difficulté vient de ce qu'il y a quelque chose d'aléatoire dans un pareil contrat, et que la lésion n'est jamais admise comme cause de rescision dans les contrats aléatoires. Il nous semble qu'ici le fond doit l'emporter sur la forme. Il n'y a pas à proprement parler contrat aléatoire, puisque le vendeur n'a jamais eu aucune chance de gain. Il reste donc une vente ordinaire, rescindable pour lésion de plus des sept douzièmes.

Les contrats aléatoires ont été l'objet de vives critiques de la part des philosophes et des théologiens. Le jeu, le pari et la rente viagère notamment, ont soulevé de nombreuses réprobations. Nous espérons démontrer dans la suite de cette étude que la rente viagère mérite toute la faveur qu'on accorde aux contrats les plus utiles. Quant au jeu et au pari, nous ne les condamnerons même pas d'une façon absolue.

L'art. 1964 s'exprime ainsi : « Le contrat aléatoire « est une convention réciproque dont les effets, « quant aux avantages et aux pertes, soit pour « toutes les parties, soit pour l'une ou plusieurs « d'entre elles, dépendent d'un événement incertain ; « tels sont : le contrat d'assurance, le prêt à grosse « aventure, le jeu et le pari, le contrat de rente via-

« gère. Les deux premiers sont régis par les lois
« maritimes. »

L'énumération de cet article n'est point limitative. On peut entre autres exemples de contrats aléatoires, citer la vente d'une succession ouverte, d'un
droit d'usufruit, d'une récolte à venir. Et à ce propos, il faut remarquer qu'on peut vendre la chance
de la récolte ou la récolte elle-même. Dans le premier cas la vente est complétement aléatoire. L'acheteur doit son prix tout entier, même en l'absence de
toute récolte. Dans le second, elle est à la fois commutative et aléatoire : commutative en ce sens que
s'il n'y a point de récolte, l'acheteur ne devra rien,
aléatoire en ce sens que la récolte peut être très-
bonne ou très-mauvaise. Le prix n'en sera ni plus ni
moins élevé.

Les conventions privées peuvent multiplier à l'infini les contrats aléatoires. On les reconnaît toujours à l'*alea* qui en est l'essence. Le législateur a
nommé les principaux d'entre ces contrats ; il est
fâcheux qu'il n'ait pas compris l'importance des assurances terrestres, qui, faute d'avoir été prévues et
réglées par un texte précis, donnent lieu à de nombreuses incertitudes, au milieu desquelles la jurisprudence flotte souvent indécise. Du reste, il n'entre
pas dans notre plan d'étudier les assurances et le
prêt à grosse aventure. Le Code Napoléon ne s'occupe que du jeu, du pari et de la rente viagère ; ce
sont là les seules matières que nous nous proposons
de traiter.

PREMIÈRE PARTIE.

DU JEU ET DU PARI.

CHAPITRE PREMIER.

Du jeu proprement dit tant au point de vue civil qu'au point de vue criminel.

Les rédacteurs du Code ont confondu le jeu et le pari en leur appliquant les mêmes dispositions. Il y a en effet une grande analogie entre ces deux contrats; néanmoins nous les étudierons autant que possible séparément afin d'apporter plus d'ordre et de clarté dans la discussion des questions qu'ils soulèvent à chaque instant.

Les art. 1965 et 1966 sont ainsi conçus : « La loi « n'accorde aucune action pour une dette de jeu « ou pour le paiement d'un pari. Les jeux propres « à exercer au fait des armes, les courses à pied et « à cheval, le jeu de paume et autres jeux de même « nature qui tiennent à l'adresse et à l'exercice du « corps, sont exceptés de la disposition précédente.

4

« Néanmoins le tribunal peut rejeter la demande
« quand la somme lui paraît excessive. »

Le jeu figure en première ligne dans ces articles,
c'est par le jeu que nous commençons.

Du Jeu.

Le jeu est une convention par laquelle les parties
assurent à l'une d'elles un gain déterminé qui dépend
de l'adresse, de l'agilité ou des combinaisons des
joueurs ou même très-souvent du hasard.

Rarement le jeu est utile et désintéressé. Aussi,
toutes les législations s'efforcent-elles d'en prévenir
les abus en le contenant dans de sages limites. Nous
avons vu avec quelle sévérité les lois romaines trai-
taient les joueurs et proscrivaient les jeux. Notre
ancien droit fut aussi rigoureux. Charlemagne avait
déjà confirmé dans ses Capitulaires la défense de
jouer à des jeux de hasard, faite par le concile de
Mayence. Saint Louis, par son ordonnance de 1254,
interdit les jeux de hasard d'une manière absolue.
Charles IV en 1319 et Charles V en 1369 défendirent
tous les jeux, à l'exception de ceux qui sont propres
à exercer au fait des armes, à peine contre les contrevenants de 40 sols d'amende. En 1485, Charles VIII
permit aux personnes de naissance et d'honneur en
prison pour cause légère et civile de jouer au trictrac
et aux échecs. Enfin, François Ier accorda, par lettres-
patentes, une action pour les dettes contractées au
jeu de paume. C'est là le germe de l'exception écrite

dans le premier paragraphe de l'art. 1966 du Code Napoléon.

L'ordonnance de Moulins rendue en 1566 contient des dispositions plus sévères encore ; elle assimile le jeu à la prostitution, et permet aux mineurs de répéter ce qu'ils auront perdu. Louis XIII, en 1611, menace les contrevenants de punitions extraordinaires. Des arrêts du parlement de 1663 et 1674 défendent les maisons de jeu, à peine de l'amende, de la prison, du fouet et du carcan. Le monument le plus récent que nous ait légué l'ancien droit est la déclaration royale de 1781, enregistrée le lendemain au parlement de Paris, d'après laquelle ceux qui seraient convaincus d'avoir joué à des jeux de hasard devaient être condamnés pour la première fois, savoir : ceux qui tiendraient ces jeux sous le titre de banquier ou autres, en 3,000 livres d'amende, et les joueurs en 1,000 livres chacun ; en cas de récidive, l'amende devait être du double et dans tous les cas payable par corps. Des peines afflictives et infamantes devaient être prononcées après deux condamnations aux amendes. Etaient en outre déclarés nuls et de nul effet tous contrats, obligations, promesses, billets, ventes, cessions, et tous autres actes de quelque nature qu'ils pussent être, ayant pour cause une dette de jeu, qu'ils fussent faits par des majeurs ou par des mineurs.

La législation intermédiaire, tout en proscrivant les maisons de jeu, adoucit les peines encourues par les délinquants. Les joueurs sont affranchis de toute pénalité et ceux qui donnent à jouer ne s'exposent plus qu'à l'amende et à la prison (Décret des 19-22 juillet 1791).

Le décret de 1806 permettait au ministre de la police de faire, pour la ville de Paris et pour les lieux où il existait des eaux minérales, des règlements particuliers. Les maisons de jeux autorisées furent alors fondées dans le but de ruiner les tripots clandestins dont l'existence, ignorée de la police, pouvait devenir la source des plus grands désordres. Cette considération a fini par céder devant la réprobation universelle, et l'Etat a dû renoncer au bénéfice qu'il retirait de la ferme des jeux. La loi du 21 août 1832 a également ordonné la suppression de la loterie royale à partir de janvier 1836.

Il nous reste, pour compléter le tableau de la législation pénale relative au jeu, à rappeler les art. 410, 475, 477 du Code pénal.

Art. 410. « Ceux qui auront tenu une maison de
« jeux de hasard, et y auront admis le public, soit
« librement, soit sur la présentation des intéressés
« ou affiliés, les banquiers de cette maison, tous
« ceux qui auront établi ou tenu des loteries non
« autorisées par la loi, tous administrateurs, pré-
« posés ou agents de ces établissements seront punis
« d'un emprisonnement de deux mois au moins et
« de six mois au plus, et d'une amende de cent francs
« à mille francs

« Les coupables pourront être de plus, à partir du
« jour où ils auront subi leur peine, interdits, pen-
« dant cinq ans au moins et dix ans au plus, des
« droits mentionnés en l'art. 42 du présent Code.

« Dans tous les cas, seront confisqués tous les
« fonds ou effets qui seront trouvés exposés au jeu
« ou mis en loterie, les meubles, instruments, usten-
« siles, appareils employés ou destinés au service
« des jeux ou des loteries, les meubles et les effets
« mobiliers dont les lieux seront garnis ou déco-
« rés. » C'est en ces termes que l'art. 410 résume
les législations antérieurs.

M. Portalis, dans son exposé des motifs, après
avoir éloquemment dépeint les tristes conséquences
de la passion du jeu, déclare que le jeu n'est pas une
cause licite d'obligations, parce qu'il n'est pas nécessaire, qu'il n'est pas utile et qu'il est extrêmement
dangereux. L'art. 1965 devait en conséquence refuser toute action pour les dettes de jeu. Mais l'illustre
orateur reconnaît aussitôt qu'il y a des jeux licites.
Ce sont les jeux d'exercice, ceux qui ne sont pas
fondés sur le pur hasard, et auxquels se mêlent des
calculs et des combinaisons. Ces jeux sont utiles,
les uns à développer les forces physiques, les autres
à exercer les forces intellectuelles; ils offrent un dé-
lassement avantageux et quelquefois nécessaire. Enfin
ils ne sont pas dangereux, parce qu'ayant un attrait
qui leur est propre, on n'a pas besoin de leur en
créer un dans un prix excessif, et si on venait à l'y
mettre, les tribunaux pourraient non pas le réduire,
car alors ils feraient un contrat, mais le retrancher
et traiter comme prohibés des jeux dans lesquels on
se serait exposé comme dans ceux de hasard, à des
pertes ruineuses. Les tribunaux devront, bien entendu, avoir égard à la position de fortune des par-

ties contractantes. Ces motifs ont amené les exceptions consacrées par l'art. 1966, dont l'énumération n'est pas limitative. Nous serions entraînés beaucoup trop loin, si nous voulions entrer dans des détails à l'occasion des jeux auxquels il doit s'appliquer. Qu'il nous suffise de citer quelques cas douteux sur lesquels les tribunaux ont eu à se prononcer.

Cinq arrèts de cours impériales ont décidé que l'écarté est un jeu de hasard ; la cour de Paris l'assimile même à la bouillote (Arrêt du 10 mai 1844), tandis que la Cour de cassation ne lui a point reconnu ce caractère (Rej. 4 août 1836). Toutefois cette cour a décidé que le jeu d'écarté peut, d'après les circonstances, constituer un jeu de hasard (Crim. Rej. 3 juillet 1852). Depuis, un arrêté du ministre de l'intérieur interdit, dans tous les cercles ou lieux de réunion publique, l'écarté, la bouillotte et l'impériale. Quant au piquet, il a été jugé qu'on ne devait pas le considérer comme jeu de hasard (Crim. Rej. 28 mai 1841), et qu'on avait pu acquitter, en raison de sa bonne foi, le cafetier qui avait toléré qu'on y jouât (Crim. Rej. 4 août 1836).

Nous comprenons très-bien l'exception admise en faveur du piquet, car les chances diverses prévues par les règles propres à ce jeu, ne peuvent déjouer le calcul et l'habileté que dans une mesure fort restreinte, et pendant un espace de temps très-limité ; mais il nous semble que dans l'écarté, tout au contraire, c'est le hasard qui joue le principal rôle, et dès lors nous ne croyons pas, malgré l'autorité de la

Cour suprême, qu'il soit possible de faire rentrer ce jeu dans les termes de l'art. 1966.

Enfin il résulte de quatre arrêts de cours impériales que le billard ne doit pas être réputé jeu d'adresse, car ses combinaisons, appelées savantes par les joueurs, ne sont d'aucun fruit pour le bien public, dans l'intérêt duquel a été fait l'art. 1966.

En effet des considérations d'intérêt social ont évidemment déterminé les exceptions portées par cet article, et l'on ne voit pas que de l'adresse et de l'exercice d'un joueur de billard, il doive naître un soldat vigoureux ou tout autre homme utile à la société. Quelques personnes pourtant trouvent notre opinion trop rigoureuse, et veulent voir dans le billard un des jeux favorisés par le législateur, parce qu'il exige un utile mélange d'exercice du corps et d'activité de l'esprit, parce que, en outre, la nature de ses combinaisons exclut toute possibilité de fraude et que ces qualités le recommandent d'une manière toute spéciale à l'indulgence de la justice.

Supposons maintenant qu'il s'agit d'un jeu licite. — Le contrat par lequel les parties stipulent un prix est un contrat aléatoire réciproque. Il est parfait par le seul consentement, mais il faut, pour qu'il soit valable, que les parties contractantes soient capables, que leur consentement soit libre, et qu'il y ait égalité de risques de part et d'autre, sans quoi l'issue de la lutte ne serait pas douteuse, et l'*alea* n'existerait qu'en apparence. Il faut de plus que le jeu soit loyalement et fidèlement pratiqué.

Ainsi, en mettant de côté les exceptions contenues

en l'art. 1966, nous posons en principe que la loi
n'accorde aucune action pour la dette de jeu, et le
motif en est parfaitement raisonnable. Ou l'enjeu est
minime, et alors il n'est pas de la dignité de la justice
de s'occuper de pareilles futilités ; ou il est considérable et le jeu est dangereux ; la loi ne peut pas, ne
doit pas le protéger. Ce qu'il y a de bizarre, c'est que
cette dette de jeu, pour le payement de laquelle aucune action n'est donnée au créancier, passe dans
nos mœurs, par cela même peut-être, pour plus sacrée
que toute autre.

Vainement les parties auront-elles cherché à déguiser les dettes de jeu sous la forme d'obligations ou de
billets à ordre souscrits par le perdant au gagnant.
Ce n'est pas là un payement effectif, sur lequel on
ne puisse revenir conformément à l'art. 1967, c'est
tout simplement une promesse de payer, à laquelle
le juge ne saurait avoir égard. Le souscripteur de
l'obligation ou du billet sera toujours admissible à
prouver, même par témoins, que la cause apparente
de la dette est mensongère, qu'il s'agit en réalité
d'une dette de jeu, et s'il peut l'établir, il échappera
à toute condamnation. Il faut, bien entendu, que
les présomptions soient graves, précises et concordantes.

Nous n'hésiterions pas à valider le contrat passé
entre une personne qui joue et un ami, étranger au
jeu, auquel cette personne emprunte le somme dont
elle a besoin pour se libérer envers le gagnant, car
les termes de l'ordonnance de 1629 démontrent assez
qu'en défendant de prêter à ceux qui jouent à peine

de perte de la dette et nullité de l'obligation, le légis-lateur ne veut punir que le co-joueur ou la personne intéressée au jeu qui fournit au perdant les moyens de consommer sa ruine. Nous avons supposé un tiers désintéressé qui n'a voulu que rendre service au per-dant, et qui ne pouvait en aucun cas profiter de la perte éprouvée par l'emprunteur. Il en serait autre-ment si le tiers qui a prêté avait eu l'intention de soutenir le jeu du perdant, et s'était en quelque sorte substitué au gagnant, échangeant la créance résultant du prêt contre une créance n'ayant d'autre source que le jeu. C'est ainsi que M. Troplong rapporte un arrêt de la cour de Paris, du 20 juillet 1836, déniant toute action à la compagnie des agents de change, qui avait avancé de l'argent à un de ses membres afin de soutenir sa position ébranlée par des jeux de bourse, et qui lui fournissait ainsi les moyens de continuer son jeu, alors qu'elle aurait dû l'arrêter dans cette voie funeste (C. cass., ch. des req., 10 mai 1838).

Le mandat que le perdant donne à un tiers désin-teressé de payer sa dette de jeu est parfaitement va-lable, puisqu'il est donné pour l'accomplissement d'un fait licite. Mais le payement étant purement vo-lontaire, le perdant repousserait toute personne qui aurait payé sa dette comme *negotiorum gestor*. Quant au mandat donné pour jouer, il est bien évident qu'il n'oblige pas le mandant. *Rei turpis nullum mandatum est*. Aussi a-t-on jugé souvent que l'agent de change n'avait pas d'action contre son client pour des sommes perdues dans des jeux de bourse. Mais

il faut que le mandant et le mandataire soient com-
plices ; si le mandataire ignore le but des ordres qu'il
transmet, sa bonne foi le met à l'abri de toute res-
ponsabilité. (Cour de Bordeaux, 29 août 1828.)

Nous nous sommes efforcés jusqu'à présent de ne
parler que du jeu proprement dit, mais au point où
nous arrivons, il nous est impossible de traiter le jeu
séparément du pari, sans nous exposer à des redites
fatigantes. Les règles que nous avons à exposer maintenant s'appliquent aussi bien à l'un de ces contrats
qu'à l'autre, ils se confondent même dans certains
cas, si bien qu'on ne saurait dire s'il y a jeu ou pari :
du reste la distinction n'a pas la moindre importance
juridique. Occupons-nous donc du pari ou de la
gageure.

CHAPITRE II.

Du pari en général.

Le pari est une convention d'après laquelle l'une
des parties doit obtenir un gain déterminé, dans le
cas où un fait qu'elle a déclaré avoir existé ou devoir
s'accomplir, contrairement à l'affirmation de l'autre
partie, vient à être prouvé ou à se réaliser.

Nous avons dit que le pari était connu des Romains.
Notre ancienne jurisprudence ne le proscrivait que

lorsqu'il était contraire aux lois et aux bonnes mœurs. Il était valable même quand les gages n'avaient pas été déposés en mains tierces. La gageure ou le pari a les mêmes vices originels et les mêmes dangers que le jeu ; comme lui, elle ne donne aucune action, lorsqu'elle n'a d'autre base que la recherche et l'amour du gain ; comme lui, elle est tolérée, lorsqu'elle a un objet raisonnable et plausible, des actes de force ou d'adresse et qu'elle n'est pas immodérée.

On distingue en droit trois espèces de pari. Dans ceux de la première espèce, les parties déposent des gages entre les mains d'un tiers ; c'est la gageure proprement dite. Dans les paris de la seconde espèce, les parties se bornent à une promesse réciproque. Dans ceux de la troisième espèce, l'une des parties donne à l'autre une somme que celle-ci gardera si l'événement d'où dépend l'issue du pari se déclare en sa faveur. Ces distinctions n'ont aucun intérêt pratique, puisque l'art. 1965 proscrit tous les paris de la manière la plus absolue.

Nous avons vu, en étudiant le titre *de aleatoribus*, quelle était la législation romaine sur le pari ; nos anciens jurisconsultes en avaient adopté toutes les conséquences : il est donc inutile de revenir ici sur le passé.

Le pari a semblé au législateur moderne tout aussi dangereux et tout aussi condamnable que le jeu ; aussi l'art. 1965 refuse-t-il toute action pour le paiement de la dette qui en résulte. En se plaçant ainsi au point de vue rigoureux des principes, les rédacteurs du

Code n'ont tenu aucun compte de certaines pratiques commerciales, auxquelles le pari n'est point complétement étranger. Qu'il nous soit permis à cette occasion de rapporter ici un exemple de pari fort connu, mais aussi fort curieux, et qui n'est pas sans présenter quelque analogie avec les paris d'un usage si fréquent à la Bourse. L'élection d'un pape étant souvent disputée, les parieurs étaient dans l'usage de spéculer sur la chance de tel ou tel candidat, et de vendre cette chance par des cessions qui se transmettaient de main en main, et donnaient lieu à des variations de cours, de telle sorte que ce cours croissait et décroissait à mesure que l'espérance augmentait ou diminuait.

Si le pari a ses détracteurs, il compte aussi des défenseurs dont les plus illustres sont Scaccia et Straccha. Le grand argument qu'ils font valoir pour innocenter le pari des reproches adressés au jeu, c'est que le parieur expose une somme fixe, déterminée, tandis que le joueur ne sait jamais, quand il commence à jouer, jusqu'où l'entraînera sa funeste passion. Les conséquences du pari ne sauraient donc être désastreuses comme celles du jeu. De plus le pari peut quelquefois ressembler beaucoup à une assurance. J'ai un profit à retirer de l'accomplissement d'un événement incertain, mais je crains bien qu'il ne se réalise pas; je parie avec une personne qui croit au contraire qu'il arrivera. Mais qui ne voit que c'est là une application bien exceptionnelle du pari, et que de plus le pari peut être une cause de ruine tout aussi rapide que le jeu? Nous appliquerons au pari l'exception que l'art. 1966 consacre pour le jeu, nous accorderons une action toutes les fois qu'il n'aura été qu'un moyen d'encourager des jeux permis et d'entretenir l'émulation des joueurs.

CHAPITRE III.

Du pari sur les effets publics. — Du marché à terme ferme. — Du marché à primes.

Nous avons cité quelques exemples de paris que nous ont transmis les anciens jurisconsultes. De nos jours, le pari se pratique sur une immense échelle à la Bourse, où il fait et défait les plus grandes fortunes. Des questions très-difficiles s'élèvent à cette occasion. Nous allons essayer de les étudier et de les résoudre sans faiblesse comme sans passion.

Le pari sur les fonds publics ou les autres valeurs négociées à la Bourse se cache sous les apparences tantôt d'une vente, tantôt d'un achat avec un terme pour la livraison. Par exemple, Primus vend à Secundus 3,000 fr. de rente 3 pour cent, fin janvier à 65. A la fin de janvier, le cours de la rente étant 70, Primus devra à Secundus 5,000 fr. Si l'opération était sérieuse, s'il s'agissait d'un marché à terme et non pas d'un marché fictif, Primus devrait livrer à

Secundus un titre de 3,ooo fr. de rente ; il lui faudrait donc débourser 70,000 fr., alors qu'il n'en aurait reçu que 65,000. Tout se résume en définitive en une perte de 5,ooo fr. pour Primus et en un gain de 5,ooo fr. pour Secundus. Les parties n'ayant entendu faire qu'un pari, l'acheteur, qui est le gagnant dans notre hypothèse, sera désintéressé par le paiement de 5,ooo fr. que lui fera le vendeur. En d'autres termes, au moment de la livraison, Secundus est censé vendre à Primus 3,ooo fr. de rente à 70, et comme Primus est déjà créancier de 65,ooo fr. par suite du premier marché, il reste débiteur, toute compensation faite, de 5,ooo fr. Il résulte de ce mécanisme très-simple que celui qui parie pour la hausse doit acheter, que celui qui parie pour la baisse doit vendre. C'est là ce qu'on appelle le marché à terme ferme.

Ces opérations se déguisent sous le nom de marchés à terme, bien qu'en réalité, elles n'aboutissent qu'à des marchés fictifs. Il importe de les distinguer soigneusement et de ne pas faire retomber sur les uns la défaveur qui ne doit frapper que les autres. L'importance qu'a prise de nos jours la richesse mobilière et l'esprit d'industrialisme et de spéculation qui a gagné toutes les classes de la société, ont tellement multiplié les paris sur la hausse et la baisse des fonds publics, qu'ils ont, en quelque sorte, triomphé, non-seulement de la réprobation dont on a toujours flétri l'agiotage, mais encore des lois répressives qui, bien qu'elles soient écrites dans nos Codes, sont si rarement appliquées qu'on pourrait les croire tombées en désuétude. D'excellents esprits vont même jusqu'à considérer les jeux de Bourse comme un élément nécessaire au crédit public et regrettent que notre législation actuelle ne soit pas en harmonie avec les besoins de notre époque. Mais c'est là une question qu'il ne nous appartient pas d'examiner. Nous n'avons pas mission de critiquer la loi, notre tâche est plus modeste, elle se borne à l'interpréter.

Le développement excessif des jeux de Bourse a donné naissance à une profession qui, occulte dans le principe, se produit maintenant au grand jour. Je veux parler de la coulisse et des coulissiers. Le coulissier proprement dit sert d'intermédiaire entre les joueurs, absolument comme l'agent de change entre ses clients. On ne peut donc pas dire que le premier s'immisce dans les fonctions exclusivement réservées au second, car il est interdit formellement aux agents de change de prêter leur ministère pour des marchés fictifs. S'ensuit-il qu'au point de vue juridique, la coulisse ne soit pas une anomalie, que son existence ne soit pas extra-légale? Evidemment non. Le législateur a pensé que l'agiotage, indépendamment de son immoralité, pouvait avoir une funeste influence sur le crédit public, et il a voulu écarter tout danger à cet égard en punissant d'un emprisonnement d'un mois au moins, d'un an au plus, et d'une amende de 500 fr. à 10,000 fr., les paris faits sur la hausse ou la baisse des fonds publics (C. pén., 421). Sont réputés paris de ce genre, aux termes de l'art. 422 Code pénal, toutes conventions de vendre ou de livrer des effets publics qui ne sont pas prouvés par le vendeur avoir existé à sa disposition au temps de la convention ou avoir dû s'y trouver au temps de la livraison. Cet article frappe évidemment le coulissier qui joue et fait jouer. Mais, ainsi que nous l'avons déjà fait observer, nos mœurs, à tort peut-être, n'admettent guère de pareilles rigueurs. Les paris sur la hausse et la baisse des fonds publics se pratiquent journellement au grand jour, avec la tolérance sinon l'autorisation de ceux à qui la loi donne la mission de les réprimer. C'est à peine si de loin en loin une condamnation intervient dans des cas exceptionnels, comme pour constater l'agonie d'une législation qui tend à disparaître. Il a été démontré maintes fois, dans le cours de certains procès, que telle ou telle personne avait joué à la Bourse, et jamais le ministère public ne s'en est ému. Cette longanimité est bien faite pour encourager, et, jusqu'à un certain point, pour excuser la violation de la loi. Aussi nous paraît-il difficile qu'on puisse déployer tout à coup une sévérité inusitée jusqu'à présent. La plupart des personnes qui jouent à la Bourse seraient bien étonnées en apprenant que, alors qu'elles croient faire ce qu'elles appellent des affaires, elles commettent un délit qui peut les conduire sur les bancs de la police correctionnelle !

Les jeux de bourse sur les marchandises n'étant pas prévus par le Code pénal, ne tombent pas sous le coup des dispositions des art. 421 et 422 de ce Code. Dans l'application des lois répressives, on ne peut raisonner par analogie d'un cas à un autre.

Le marché fictif n'affecte pas toujours les apparences d'un marché à terme sérieux. Il se présente quelquefois dans toute sa nudité, nous voulons parler du marché libre ou marché à prime. C'est un marché à terme, avec clause que l'acheteur, en abandonnant une partie du prix payé au moment du marché et qu'on appelle prime, aura la faculté de s'affranchir du marché. Les primes sont de 50 c., de 1 fr., de 1 fr. 50 c. ou de 2 fr. On les énonce en disant que le marché a lieu, par exemple, à 70 dont un.

L'exécution du marché ou la réponse des primes, pour employer l'expression technique, se fait à la dernière bourse du mois. Si l'acheteur déclare lever la prime, c'est-à-dire la rente achetée à prime, le marché libre se trouve converti en marché ferme. Au contraire, s'il abandonne sa prime, elle est définitivement acquise au vendeur.

L'équivoque n'est pas possible; une pareille opération ne peut être qu'un pari d'une illégalité flagrante.

Soutiendra-t-on que c'est là un contrat conditionnel? Stipuler une telle condition, c'est faire dépendre le marché d'un événement qu'il est au pouvoir de l'acheteur seul de faire arriver ou d'empêcher. C'est le soumettre à une condition purement potestative de la part de l'acheteur, et aux termes de l'art. 1174, toute obligation est nulle, lorsqu'elle a été contractée sous une condition potestative de la part de celui qui s'y oblige. D'un autre côté, il n'est pas possible de considérer la somme stipulée à titre de prime comme constituant des arrhes, puisque la faculté de résilier le marché n'est pas réciproque, ainsi qu'elle doit l'être au cas prévu par l'art. 1590 du Code Napoléon. Enfin, cette réserve que stipule l'acheteur dénote assez clairement qu'il craint de n'avoir pas les fonds nécessaires à l'exécution effective du marché au moment de la liquidation.

CHAPITRE IV.

Du marché à terme proprement dit.

Nous ne nous sommes occupés jusqu'ici que du marché fictif. Il nous reste à parler du marché à terme proprement dit. Devons-nous le proscrire aussi? En principe, le marché à terme est un contrat tout à fait licite, quand il est sérieusement fait en bourse par les agents de change, ayant seuls qualité pour négocier les fonds publics. Que l'on se défie de sa sincérité, qu'on recherche si le jeu ne se cache pas sous les apparences du marché à terme, nous le comprenons très-bien, mais l'abus qu'on fait d'une opération évidemment utile ne saurait en faire prohiber l'usage. Les fonds publics ne sont-ils pas une marchandise comme une autre? Ne puis-je pas avoir intérêt à acheter des rentes le 15 janvier, alors que je sais que je pourrai les payer le 30? Pourquoi me forcer d'attendre que j'aie mon argent, si mon vendeur a confiance en ma solvabilité? Peut-être du 15 au 3o une hausse aura-t-elle lieu et alors j'aurai perdu à n'avoir pu acheter à terme; la perte serait pour le vendeur si, au lieu d'une hausse, les fonds éprouvaient uue baisse; il nous semble qu'en cette matière plus qu'en toute autre, le principe de la liberté des transactions doit régner entre les parties contractantes.

Et pourtant les marchés à terme ont excité la défiance et provoqué les sévérités de la législation, par suite d'une confusion regrettable avec les marchés fictifs ; un arrêt du conseil du 24 septembre 1724 ne permet en bourse que les seuls marchés au comptant, et a institué la compagnie des agents de change, avec le privilége exclusif de présider à la négociation des effets publics.- Les principales dispositions en furent reproduites par un second arrêt du 7 août 1785, dont l'art. 7 déclare nuls les marchés et compromis d'effets royaux et autres quelconques qui se feraient à terme, et sans livraison desdits ou sans le dépôt réel d'iceux, constaté par un acte dûment contrôlé, au moment même de la signature de l'engagement. Nous trouvons dans le préambule de cet arrêt une définition du marché à terme qui s'applique aux conventions par lesquels l'un s'engage à fournir à des termes éloignés des effets qu'il n'a pas, et l'autre se soumet à les payer sans en avoir les fonds, avec réserve de pouvoir exiger la livraison avant l'échéance, moyennant l'escompte.

Les marchés à terme si rigoureusement proscrits continuèrent pourtant à être pratiqués par la force même des choses. Un nouvel arrêt du 2 octobre suivant admet qu'il pourra être suppléé au dépôt réel prescrit pour la vente d'un effet public, par ceux qui, étant propriétaires des effets qu'ils voudront vendre et ne les ayant pas alors entre les mains, déposeraient chez un notaire les pièces probantes de leur libre propriété. Désormais le marché à terme sérieux est placé sous la protection des lois.

Il nous reste, pour compléter le tableau de notre ancienne législation, à citer deux arrêts du conseil du roi, l'un du 22 septembre 1786 qui défend de faire des marchés d'effets publics dont la livraison serait différée au-delà de deux mois ; l'autre du 14 juillet 1787 qui renouvelle la prohibition des marchés illicites et les peines prononcées contre ceux qui s'y livrent. Ces différents arrêts n'étaient que le développement de l'édit de 1723, ils n'avaient donc pas besoin d'être revêtus de lettres patentes et enregistrés par le parlement.

La législation intermédiaire continua les errements anciens. Les marchés à terme sont de deux espèces. Les marchés fermes qui doivent être exécutés par les deux parties au terme convenu ; les marchés à prime, lesquels, au moyen d'une prime payée comptant par l'acheteur, peuvent se résoudre à sa volonté, en déclarant qu'il abandonne sa prime au vendeur. La loi du 28 vendémiaire an IV déclare nulles les ventes fictives d'effets publics, et spécialement les marchés à terme ou à prime, déjà interdits par les précédentes lois.

En outre, l'arrêté du 27 prairial an XI, art. 13,

impose à l'agent de change l'obligation de se faire remettre les effets qu'il est chargé de vendre ou les sommes nécessaires pour payer ceux qu'il est chargé d'acheter. Enfin viennent les art. 421 et 422 du Code pénal que nous avons déjà cités, et qui apportent quelque adoucissement à la sévérité des lois précédentes. Il est évident que, dans notre législation actuelle, le marché à terme n'est plus prohibé comme dans les arrêts du conseil; la loi garde toutes ses rigueurs pour le marché fictif. Il résulte même, selon nous, de l'art. 422 C. pén., qu'il ne faut attacher aucune idée de fraude au défaut de dépôt au moment de la vente, la nécessité d'un pareil dépôt rendrait les marchés à terme à peu près impossibles ; il suffit que les effets publics dont il s'agit soient prouvés par le vendeur avoir été à sa disposition au temps de la convention ou avoir dû s'y trouver au temps de la livraison. L'agent de change prudent devra exiger du vendeur la preuve de la propriété des titres qui ne lui sont pas déposés, et de l'acheteur une couverture pour tenir lieu de l'argent qu'il ne pourra donner qu'à l'époque de la livraison. Deux arrêts ont décidé que le dépôt du prix d'achat entre les mains de l'agent de change de l'acheteur n'est pas nécessaire pour la validité d'un marché à terme (Paris, 29 mars 1832; — Paris, 9 juin 1836). Le but de l'art. 13 de l'arrêté du 27 prairial est de rendre les agents de change responsables envers leurs clients du prix des ventes à terme.

Si l'agent de change ne reçoit pas d'avance les sommes qu'il doit payer, il faut de toute nécessité qu'il se fasse donner des garanties qui doivent consister en valeurs réalisables par le ministère de l'agent de change lui-même et avant le délai fixé par la loi pour la consommation de la négociation. Elles doivent alors être considérées comme des espèces. L'infraction à cette règle peut donner lieu à la destitution de l'agent de change et à une amende de 3,000 fr. (Arrêt du Cons., 1724; art. 85, C. Com.)

En cas de non paiement par l'acheteur, l'agent de change s'emparera-t-il purement et simplement des valeurs qui lui ont été remises à titre de couverture? La loi déclare nulle toute clause qui autoriserait le créancier à s'approprier le gage ou à en disposer sans les formalités prescrites (C. Nap., art. 2078). Elle ne saurait donc admettre comme suffisante une autorisation présumée de la part du client de vendre les effets remis à titre de garantie. Toutefois il a été jugé que lorsque les valeurs remises à l'agent de change sont des bons au porteur, on doit les assimiler à des écus, et qu'il peut par conséquent en disposer sans autorisation de justice, si son client ne fait pas les fonds nécessaires, au jour de la livraison. (Paris, 18 janvier 1838.)

CHAPITRE V.

Des faits qui constituent le marché à terme et le distinguent du marché fictif. — Du report.

Nous revenons aux art. 421 et 422 du Code pénal, qui font consister le délit dans la convention de livrer avec la connaissance qu'on ne pourra pas la tenir. Ce n'est plus là cette proscription du marché à terme fictif inspirée par la haine de l'agiotage aux rédacteurs des arrêts du conseil de 1785 et 1786, c'est tout simplement une arme dirigée par le législateur contre la spéculation à la baisse ; on a cru trouver, dans ces dispositions, le moyen de soutenir le crédit public. Cela est si vrai que le vendeur seul est puni, parce que c'est lui qui joue à la baisse. L'acheteur qui joue à la hausse n'est pas atteint par la loi.

Il résulte de l'ensemble des lois que nous avons rapportées que le marché à terme, déjà reconnu dans notre ancien droit, est parfaitement légal sous la législation qui nous régit aujourd'hui. Comment pourrait-il en être autrement ? La vente de la chose d'autrui n'a-t-elle pas toujours été admise en droit commercial ? Il est regrettable que le marché à terme serve souvent à couvrir des jeux de bourse, mais ce n'est pas une raison suffisante pour proscrire une convention licite et utile quand elle est sincèrement et loyalement pratiquée. La fraude sera facile à découvrir et alors le nom de marché à terme ne préservera pas la convention de la nullité prononcée par la loi contre les marchés fictifs. Nous n'avons plus guère à craindre aujourd'hui la reproduction du scandale causé par l'abbé d'Espagnac qui avait accaparé toutes les actions de la nouvelle compagnie des Indes, au nombre de 40,000, et qui en avait même acheté 8,655 de plus qu'il n'y en avait en réalité.

Nous devons reconnaître que la jurisprudence a longtemps appliqué sans exception les arrêts du conseil de 1785 et 1786 aux marchés à terme, au point de vue de la validité de la convention, tout en ne prononçant de condamnation correctionnelle que dans les cas prévus par l'art. 422 du Code pénal. — Il semble pourtant que ces arrêts appartiennent, par les dispositions répressives qu'ils renferment, au moins autant à la législation criminelle qu'à la législation civile, et que dès-lors ils sont abrogés par la loi de 1810. On conçoit l'importance de la question. Si l'on maintient l'ancienne législation, il faut déclarer nul, tout en reconnaissant qu'il n'y a pas le moindre délit à punir, tout marché à terme fait avec la promesse de livrer à un délai excédant deux mois, ou sans qu'il y ait eu dépôt réel des titres ou des pièces probantes de la propriété au moment où s'opère le marché; tandis que, en ne voyant nullité que là où il y a délit, la convention sera valable toutes les fois qu'elle aura été faite entre parties capables de l'acquitter au moment de la livraison. Dès lors les tribunaux ont toujours un droit d'appréciation souveraine, les faits peuvent leur faire décider qu'il y a marché fictif là où toutes les apparences semblent indiquer le marché à terme sérieux. Il importe de bien préciser le point en discussion : ce que nous recherchons seulement, ce sont les circonstances auxquelles nous devons attacher le caractère de présomption légale de fraude. Ces circonstances, nous les déterminons d'après les termes de l'art. 422 du Code pénal, et non point des arrêts de 1785 et 1786, qui ne sont en harmonie ni avec les principes généraux du droit, ni avec les besoins de l'époque où nous vivons. En refusant d'admettre le système que nous proposons, on rend les marchés à terme presque impossibles, et l'on arrive fatalement ou à la violatiou de la loi telle qu'on l'entend, ou à la suppression de ces marchés. Or, une bourse où l'on ne ferait que des opérations au comptant ne serait qu'un désert et le crédit public serait bientôt anéanti. Reste donc l'hypothèse, à laquelle il faut bien se soumettre, de la violation de la loi. Avec notre doctrine, au contraire, on évite ces deux alternatives également inadmissibles, puisqu'un marché à terme peut, d'après nous, être légalement valable, alors même qu'il n'y a pas eu dépôt des titres et que l'époque de la livraison n'est pas limitée à deux mois. Les dispositions législatives antérieures à l'art. 422 nous paraissent abrogées par cet article. Cette opinion qui, nous le répétons, a l'immense avantage de concilier la dignité de la loi avec les intérêts de la spéculation licite, n'est enseignée que par un petit nombre d'auteurs parmi lesquels nous citerons M. Troplong ; elle a eu longtemps contre elle presque toute la jurisprudence qui persistait à annuler tous les marchés à terme lorsqu'ils n'avaient pas été passés avec les formalités prescrites par les arrêts de 1785 et 1786, sans rechercher du reste si, malgré l'absence de ces formalités, il n'y avait pas eu entre les parties un contrat sérieux. Ce système se trouve formulé par un arrêt de la Cour de Paris, du 9 août 1823, dans une affaire qui eut alors un grand retentissement, et dans un arrêt de rejet de la chambre civile de la Cour de cassation, du 11 août 1824.

Espérons que cette situation vraiment anormale cessera bientôt : que la jurisprudence renoncera tout à fait à imposer aux spéculateurs modernes les restrictions faites pour une autre époque. Il faut bien qu'elle en prenne son parti ; malgré tous ses efforts, elle ne parviendra pas à supprimer les marchés à terme, elle ne fera pas au sein de la bourse d'aujourd'hui une réforme à laquelle a résisté la bourse du xviiie siècle !

Le seul but qu'elle atteindra, c'est de protéger la mauvaise foi et d'encourager la friponnerie, car c'est de ce mot qu'il faut flétrir l'action de celui qui ayant voulu faire un marché sérieux, refuse de remplir ses engagements, parce qu'on n'a pas exigé de lui l'accomplissement de certaines formalités.

Personne ne se méprendra sur le sens de nos paroles, nous réprouvons aussi énergiquement que qui que ce soit les marchés fictifs qui ne sont que de vé-

ritables paris : mais nous soutenons que le marché
à terme ne doit pas être frappé de la même réprobation, et le seul point sur lequel nous différons avec une
partie de la jurisprudence est celui de savoir à quels
caractères il faut distinguer le jeu du marché sérieux.
Il est vrai aussi qu'il nous est impossible de partager
les sentiments de certaines personnes qui, dans leur
puritanisme peu éclairé, voudraient faire cesser tout
marché à terme, afin de rendre le jeu complétement
impossible ; qu'elles lisent le discours prononcé à la
Chambre des Députés le 3o avril 1824 par M. de
Villèle, l'un des plus habiles ministres des finances
que la France ai jamais eus. Elles y trouveront éloquemment développées les considérations que nous
avons déjà fait valoir. Nous ne pouvons résister au
désir de reproduire ici un passage, déjà souvent
cité, de ce discours où le praticien combat énergiquement les théories abstraites d'une morale exa-
gérée. « Nul doute, disait-il, que l'agiotage n'ait ses
« inconvénients et ses dangers. Mais comment avec
« la nécessité que nous impose notre système finan-
« cier de soutenir le crédit public pour se ménager
« la faculté d'emprunter dans des cas extraordinaires,
« comment est-il possible de concevoir une nature
« d'effets publics qui ne donne pas prise à l'agio-
« tage ? Qu'est-ce qui produit l'agiotage ? Ce sont les
« deux chances de hausse et de baisse. Si vous tuez
« ces chances, vous tuez le crédit. On ne peut tuer
« l'agiotage qu'en renonçant au système de crédit
« adopté, qu'en éteignant la dette. Mais tant qu'on
« sentira la nécessité de recourir à des emprunts,

« il faudra bien conserver tous les moyens de cré-
« dit. »

Nous terminons en rappelant, pour résumer notre
système, que selon nous, la preuve du pari ne dépend
d'aucune présomption *juris et de jure*, ni d'aucune
espèce de formalité. Le juge peut apprécier souverainement et déclarer suivant les faits qui lui sont
soumis, qu'il y a jeu ou marché sérieux. La sagesse
et la conscience doivent seules dicter sa décision. Du
reste nous avons trouvé un arrêt du 3o novembre 1842, confirmant un arrêt de la Cour royale,
qui valide un marché à terme, où il n'est pas question de la propriété du vendeur au moment de l'engagement.

Un arrêt du 14 août 1847 admet notre système;
car il dit que, dans les marchés à terme, le caractère
du jeu ou du pari se manifeste principalement par la
circonstance que les opérations sont hors de proportion avec les facultés pécuniaires du vendeur et de
l'acheteur.

C'est dans ce sens qu'ont été rendus par la cour
de Paris les arrêts du 29 avril 1849, des 11 mars et
10 juillet 1851.

L'importance et l'actualité des questions que soulèvent les marchés à terme nous ont engagé à les
étudier d'une manière approfondie; il nous faut
encore, pour compléter le tableau de cette matière
si intéressante, expliquer en quelques mots ce que
c'est que le report.

Il n'entre pas dans notre plan de décrire les combinaisons nombreuses des reports, nous devons nous

borner à expliquer en quoi consiste la plus usuelle de ces opérations. Si nous supposons, ce qui arrive souvent, que le comptant est meilleur marché que le terme, le capitaliste qui a des fonds disponibles, achète de la rente ou des valeurs industrielles au comptant, puis les revend immédiatement à terme. Il gagne évidemment la différence sans courir le moindre risque, mais aussi sans se livrer à un jeu illicite.

La différence entre le prix de la rente au comptant et le prix qu'elle vaut livrable fin courant, ou fin prochain, ou entre le prix de fin courant et le prix de fin prochain, forme le prix du report. On reporte en effet du comptant à la fin du mois courant, ou du mois prochain, et de la fin du mois courant à la fin du mois prochain.

Le report sert aussi, il est vrai, à faciliter la spéculation en donnant à celui qui n'est pas en mesure d'exécuter son opération à l'échéance, les moyens de maintenir sa position d'acheteur ou de vendeur, et d'attendre, pour se liquider, le jour où ses prévisions de hausse ou de baisse s'étant réalisées, il pourra remplir ses engagements sans une trop grande perte. Ce genre de report nécessite l'intervention d'un tiers qui consent à se mettre à la place du spéculateur jusqu'à la prochaine liquidation, moyennant une différence qui lui assure un bénéfice, et lui représente l'intérêt de l'argent qu'il aura avancé.

Il est encore certain, même dans cette seconde hypothèse, que le report ne tombe pas sous l'application de nos lois pénales, car il suffit de se rendre

compte de cette opération pour être à l'instant con-
vaincu qu'elle n'est qu'un placement de fonds fort
commode pour celui qui veut toujours conserver
son argent à sa disposition, sans pourtant le laisser
improductif.

Nous croyons avoir démontré la légitimité et l'utilité du marché à terme. Nous nous sommes efforcés,
au risque de nous répeter, de bien faire ressortir les
faits qui le constituent, et qui doivent le faire distinguer du marché fictif. L'État et les particuliers
sont également intéressés à ce que la prévention et
l'ignorance n'amènent pas la confusion que nous
avons cherché à prévenir.

Un mot encore sur les marchés à terme, qui ont
pour objet non plus des effets publics, mais des
marchandises. Là encore il faut distinguer le marché
à terme sérieux du marché fictif qui ne couvre qu'un
pari. Le premier est valable et le second nul. Là le
juge se détermine uniquement d'après les faits : il
n'est point gêné par les textes. La controverse qui
s'élève à l'occasion des marchés à terme d'effets publics ne se rencontre pas dans cette matière, car les
arrêts de 1785 et 1786 et les art. 421 et 422 du Code
pénal ne s'occupent en aucune façon des paris sur
les marchandises. Toutes les difficultés doivent être
résolues à l'aide des principes consacrés par les
art. 1965 et 1966.

CHAPITRE VI.

De la nature de l'obligation contractée par le perdant.

L'art. 1967 est ainsi conçu : « Dans aucun cas le
« perdant ne peut répéter ce qu'il a volontairement
« payé, à moins qu'il n'y ait eu de la part du
« gagnant, dol, supercherie ou escroquerie. »

Ainsi, soit que la loi donne ou refuse une action,
le perdant ne peut jamais répéter ce qu'il a volontairement payé. Est-ce parce qu'on ne peut jamais
être admis à se faire une arme de sa propre honte?
et qu'alors *in pari causa potior est causa possidentis ?*
Ou bien faut-il voir dans le jeu et le pari une source
légale d'obligations naturelles, ce qui ferait de
l'art. 1967 une application de l'art. 1235 ?

Nous ne pouvons admettre que le législateur, qui
proscrit le jeu comme un vice odieux, ait pu lui faire
engendrer même des obligations naturelles, et nous
pensons que, s'il dénie l'action en répétition des
sommes volontairement payées pour dettes de jeu,
c'est uniquement *ob turpem causam.* Les travaux
préparatoires sont pleins à cet égard de contradic-
tions et fournissent des armes aux partisans de cha-

que opinion ; nous ne les invoquons pas, c'est dans les textes mêmes que nous trouvons la preuve que le jeu ne donne pas naissance à une obligation naturelle. L'ordonnance de janvier 1629 déclare nulles toutes dettes contractées pour jeu et toutes obligations et promesses faites pour le jeu, quoique déguisées, nulles et de nul effet, et déchargées de toutes obligations civiles et naturelles.

Cette rigueur est-elle bien en rapport avec l'état actuel de nos mœurs? Le jeu est-il aussi inique qu'on veut bien le dire? Nous nous permettons d'en douter. Déjà Pothier s'élevait contre les déclamations outrées dont il était l'objet. C'est qu'en effet il n'est pas vrai que le gagnant s'enrichisse aux dépens du perdant, puisqu'il y a eu égalité de chances, puisque le premier a couru le risque de payer autant au second ; la fortune seule a décidé entre eux. Ne trouvons-nous pas là une exacte réciprocité en tout conforme à l'équité naturelle, comme disait le tribun Bouteville dans son discours au Corps législatif? L'opinion publique, toujours plus sévère que la loi, ne s'est jamais trompée à cet égard. La dette de jeu, pour le paiement de laquelle le législateur ne donne pas d'action, est considérée dans nos mœurs comme plus impérieuse et plus sacrée que toute autre. Le refus de payer une pareille dette met toujours celui qui s'en rend coupable au ban de la société, qui le verra souvent avec indifférence manquer à des obligations provenant d'une source bien plus légitime.

Du reste, nous comprenons parfaitement le motif

qui a fait refuser toute action au créancier d'une dette de jeu : nous l'avons déjà dit, où l'enjeu est minime et la loi ne doit pas s'en occuper ; ou il est considérable, et alors le jeu est dangereux ; la loi ne veut pas le protéger.

Il résulte des textes du Code, que si la répétition des sommes payées ne peut être exercée par le perdant qui s'est acquitté, ce n'est pas en vertu de ce principe que la *condictio indebiti* ne saurait être admise lorsqu'il y a eu paiement volontaire d'une obligation naturelle. En effet, la dette de jeu n'est point une dette naturelle, au point de vue de la loi tout au moins, c'est ce qui résulte de la combinaison des art. 1235, 1338 et 1967 du Code Napoléon. Voici par quel raisonnement nous arrivons à cette conclusion. L'art. 1235 nous dit que la répétition n'est pas admise à l'égard des obligations naturelles qui ont été *volontairement* acquittées. Le mot *volontairement* exclut les cas où il y a eu dol, violence, escroquerie. Mais faut-il que le payement ait été fait sciemment, que celui qui a payé ait parfaitement su qu'on n'avait pas d'action contre lui? Faut-il qu'il ait payé en connaissance de cause? En un mot, la *volonté* dont parle notre article est-elle exclusive de la simple erreur ou seulement de la violence et du dol? En droit romain, la *condictio indebiti* étant *stricti juris*, il fallait avant tout qu'il y eût *indebitum* pour que la *condictio* fût possible. L'*indebitum* était la condition *sine qua non* de la répétition. La *condictio* n'était donc pas possible sans *indebitum*, quelle que fût d'ailleurs la nature de l'erreur dans laquelle était tombé celui qui avait mal à propos payé (Inst., *de Oblig. quasi ex contractu*, § 7). En est-il de même chez nous ? Il est impossible de le soutenir, car nous n'avons plus d'action de droit strict ; *volontairement* serait inutile s'il n'avait pour objet que le dol ou la violence. Le sens de ce mot, pris naturellement, implique la parfaite connaissance de cause chez celui qui paye. C'est ce que démontre au reste l'art. 1338, d'après lequel il faut, pour qu'il y ait confirmation ou ratification valable d'une obligation contre laquelle la loi admet l'action en nullité ou en rescision, que l'acte de confirmation ou de ratification mentionne l'intention de réparer le vice. Et le second paragraphe de ce même article dit qu'à défaut d'acte, il suffit que l'obligation soit exécutée *volontairement*. Donc l'obligation n'est exécutée *volontairement* qu'autant que celui qui s'acquitte connaît le vice dont elle est entachée, puisque notre article exige la mention de ce vice. Nous avons dès lors le droit de dire que celui qui paye une dette naturelle par erreur, c'est-à-dire, dans la croyance que la loi donne à son 'créancier une action contre lui, devra être admis à répéter ce qu'il aura indûment payé. Or il n'en est pas de même de la dette de jeu. Le perdant ne serait pas reçu à répéter en prétendant qu'il se croyait tenu civilement. L'erreur ne suffit pas ici : il faut en outre qu'il y ait eu dol, supercherie ou escroquerie. L'énumération de l'art. 1797 est limitative et nous démontre, *à contrario*, que la dette de jeu ne donne point naissance à une obligation naturelle.

Mais, dit-on, si la dette de jeu n'est ni naturelle, ni civile, comment faut-il qualifier son exécution? Est-ce un payement ou une libéralité? Ce n'est pas un payement, puisqu'il n'y a pas de dette; c'est donc une pure libéralité, soumise quant au fond, sinon quant aux formes, à toutes les règles relatives aux donations. Ce prétendu payement sera donc nul si le gagnant est incapable de recevoir à titre gratuit du perdant, réductible en cas d'excès, rapportable si le gagnant succède au perdant, révocable pour cause d'ingratitude ou de survenance d'enfants.

C'est là une objection spécieuse dont il est facile de triompher. Il est de principe que, dans toute convention, il faut rechercher l'intention des parties. Or, ici, n'est-il pas évident que le perdant ne s'est jamais proposé de faire une donation au gagnant? Le donateur, si donation il y a, est le hasard seul. Quant au perdant, son but était au contraire de se faire payer ce qu'il a dû payer lui-même. Il est bien impossible de soutenir que c'est à titre de libéralité que la somme a été livrée et reçue.

Le jeu donne donc naissance à une dette que la loi ne reconnaît pas. Il n'y a pas, à ce point de vue, payement proprement dit, mais il y a encore moins libéralité. Si ce qui a été payé ne peut pas être répété, c'est, nous l'avons déjà dit, parce que la loi ne veut pas que la justice ait à s'occuper d'une question qu'elle regarde comme indigne d'elle, et que dès lors il ne reste qu'à appliquer cette vieille maxime du droit romain : *In pari causa melior est causa possidentis.*

Quel intérêt peut inspirer celui qui, en jouant, a commencé par méconnaître la loi, puis vient se placer sous son égide pour se faire rendre ce qu'il a volontairement payé? N'est-il pas naturel qu'il subisse la peine de son imprudence, sans y ajouter le tort d'une répétition nécessairement entachée de déloyauté, si du reste le jeu a été honnêtement pratiqué.

Nous avons cru devoir entrer dans quelques détails, parce que l'opinion que nous combattons est soutenue par un grand nombre de jurisconsultes anciens, à la tête desquels nous citerons Pothier. Plus récemment encore, M. Toullier a prétendu que l'art. 1967 ne peut s'expliquer que par l'art. 1235. On comprend cette confusion quand on voit M. Bigot-Préameneu entendre par obligation naturelle, l'obligation qui ne peut valoir civilement par cela seul que la cause est illicite. Cette définition est complétement fausse. L'art. 1131 ne suffit-il pas pour le démontrer? Il refuse tout effet à l'obligation sur une cause illicite : or l'art. 1235 accorde un effet à l'obligation naturelle, celui de faire acquérir au créancier la propriété incontestable du payement qu'il a reçu. Il serait ridicule d'attacher un effet même naturel à une obligation ayant une cause illicite. La question s'est présentée en matière de vente d'offices dont le prix était déguisé par une contre-lettre. Les tribunaux ont admis et avec raison qu'il y avait lieu à répétition. L'obligation est naturelle, lorsqu'une personne qui peut ne pas payer à cause d'une présomption qui le protége, présomption contre laquelle aucune espèce de preuve n'est admise, renonce, quant à elle, au bénéfice de cette présomption. Les termes de cette définition ne conviennent pas à la dette de jeu.

De ce que la dette de jeu n'est pas une obligation naturelle, il résulte qu'elle ne peut être l'objet d'un cautionnement valable, malgré l'art. 2012 C. Nap.; enfin l'obligation naturelle est susceptible de novation; la dette de jeu ne l'est pas, même dans le cas où un tiers s'obligerait à payer pour celui qui l'a contractée.

Une dernière question se présente à propos de la répétition : il s'agit de savoir si, dans le cas où l'agent de change a prêté son ministère à des jeux de bourse, son client peut exercer contre lui la répétition des sommes qu'il a perdues et qu'il lui avait remises d'avance à titre de couverture. Il ne nous paraît pas possible d'admettre une pareille répétition. Que ferons-nous de la maxime déjà souvent citée dans le cours de ce travail · *In pari causa melior est causa possidentis*. Dira-t-on que le brocart ne s'applique que lorsque la cause est également honteuse ? (Loi CXXVIII, *de Reg. juris*, au Dig.) Nous répondons qu'il ressort d'une foule de textes qu'il suffisait que la cause fût *turpis ab utraque parte*, et que d'ailleurs nous ne voyons guère en quoi le joueur mérite plus de faveur que celui qui consent à lui faciliter les moyens de jouer. La loi III, *de Condict. ob turp. caus.*, au Dig., nous montre la répétition refusée à celui qui a corrompu un juge. Personne ne niera pourtant que le juge qui consent à vendre sa conscience, ne soit plus odieux que celui qui l'a acheté. Le texte de l'art. 1967 tranche, du reste, la question de la façon la plus décisive; le payement a été volontaire, il n'y a eu ni fraude, ni dol; dès lors comment pourrait-on exercer la répétition?

Il y a plus, l'art. 422 C. pén..considère le jeu de bourse comme un délit. Peut-on admettre les auteurs d'un délit à s'en prévaloir pour en faire le fondement d'une action en justice?

C'est conformément à ces principes que la jurisprudence a presque constamment refusé la répétition; on peut consulter à cet égard un arrêt de la Cour impériale de Paris, en date du 29 novembre dernier.

Les premiers juges avaient du reste parfaitement posé la question et l'avaient résolue d'une façon vraiment irréfutable : aussi croyons-nous devoir reproduire ici le jugement du tribunal civil sans le faire précéder d'une notice sur les faits du procès; une lecture attentive de la sentence suffira pour les faire connaître. Voici en quels termes elle fut rendue :

« Attendu qu'il résulte des documents produits
« au procès, que M...., agent de change, a, pendant
« dix-huit mois environ, prêté son entremise à des
« opérations de Bourse pour le compte de V...., son
« client, *opérations* qui, sérieuses dans le commen-
« cement, ont pris ensuite *un caractère de simula-*
« *tion et de jeu, et ont été hors de proportion avec la*
« *position de fortune de celui-ci;*

« Que, par suite, V... s'est trouvé débiteur de M...
« de sommes importantes qu'*il a payées en partie*

« *par l'abandon, au* 17 *juillet* 1856, *de valeurs et ca-*
« *pitaux qu'il avait déposés entre ses mains ;*

« Attendu que D...., comme créancier de V....
« son beau-père, et comme exerçant ses droits,
« forme aujourd'hui contre M.... une demande en
« répétition des sommes qu'il prétend lui avoir été
« payées indûment par son beau-père, et ce jusqu'à
« concurrence des causes de la saisie-arrêt du 10 juil-
« let 1856, enregistrée ;

« Mais attendu que cette demande n'est pas re-
« cevable ; qu'en effet, les art. 1965 et 1966 du Code
« Napoléon n'accordent aucune action pour le
« payement d'une dette de jeu, et repoussent égale-
« ment l'action en répétition à l'égard des sommes
« payées pour la même cause ;

« Que, par leur généralité, ces principes s'appli-
« quent *sans distinction* aux jeux et paris qui ont lieu
« sur le cours des effets publics, et de valeurs ou
« marchandises cotées ou négociables à la bourse
« aussi bien qu'aux jeux ou paris ordinaires ;

« Que le *but évident de ces articles* a été de ne
« faire produire aucune action à des *opérations illi-*
« *cites et coupables* qui placent *les deux parties,* le
« gagnant et le perdant, dans *des conditions identi-*
« *ques de faute et d'indignité,* de sorte que, lorsque
« le payement a été volontairement effectué par le
« perdant, c'est un fait consommé, contre lequel
« celui-ci et ses représentants sont non recevables à
« se faire restituer, sauf le cas de dol, qui n'est pas
« même allégué dans la cause ;

« Attendu que ces principes s'appliquent égale-

« ment aux courtages reçus par l'agent de change ;

  « En ce qui touche les conclusions additionnelles
« de D.... tendant à l'attribution du prix des valeurs
« qui se trouvaient encore entre les mains de M....
« à l'époque de la saisie-arrêt du 10 juillet 1856 ;

  « Attendu que ces valeurs avaient été remises
« à M.... *à titre de couverture*, pour être affectées
« au payement des différences ;

  « Qu'il résulte des documents de la cause qu'*au
« moment où la saisie-arrêt a été formée, elles étaient
« absorbées et au-delà* par la dette de V...., de sorte
« que ladite saisie-arrêt n'a pu produire d'effet ;

  « Par ces motifs, etc. »

Il était impossible de répondre directement à l'argument tiré des art. 1965 et 1966 du Code Napoléon ;
aussi on a essayé de tourner la difficulté en prétendant que ces articles sont inapplicables aux jeux de
bourse, qu'ils concernent uniquement les jeux
d'adresse et de hasard, que les règlements spéciaux
aux paris sur les effets publics sont restés en vigueur.

Les arrêts du conseil, dit-on dans ce système, ne
sont point des lois générales qui aient pu être affectées par la promulgation du Code Napoléon. L'objet
de ces arrêts est spécialement limité aux matières indiquées par leur titre; ce sont donc des lois spéciales,
sur lesquelles le Code Napoléon est resté sans influence.

Et on ajoute : La rubrique sous laquelle sont placés les divers arrêts du Conseil de 1724, 1785 et 1786,
la nature tout à fait particulière des objets qu'ils ont
eu pour but de réglementer, la profonde différence

qui existe entre les marchés illicites et le jeu ordinaire, ne s'opposent-ils pas à ce qu'ils soient considérés comme une loi générale sur le jeu ? D'un autre côté, serait-il possible d'admettre, sans faire de notre Code civil une sorte de chaos, qu'il ait pu s'occuper de la *négociation des effets publics* au titre des *jeux d'adresse et de hasard ?* Il faudrait, pour cela, que par un caprice inexplicable, le législateur, dans la plus méthodique de ses œuvres, eût pris plaisir à confondre ensemble les lois générales et les lois spéciales.

Nous avouons ne pas bien comprendre pourquoi le législateur n'a pas pu soumettre aux mêmes règles tous les jeux sans tomber dans un chaos inexplicable. Il nous semble au contraire que le chaos eût consisté à édicter des dispositions générales relatives à tous les jeux, tout en laissant subsister sans en rien dire des lois antérieures, contenant des règles toutes différentes, spéciales à certains jeux. Nous faisons la part du Code Napoléon et celle du Code pénal dans l'abrogation, selon nous complète et absolue, des arrêts de 1785 et 1786.

L'art. 422 du Code pénal détermine seul les caractères auxquels on doit reconnaître le jeu de bourse, et c'est un point sur lequel nous n'insisterons pas ici, car nous nous sommes efforcés, dans une autre partie de cette thèse, de faire partager nos convictions à cet égard. Quant aux articles 1965 et 1967, ils règlent aussi bien les jeux de bourse que tout autre jeu. Il est impossible de trouver dans son texte l'ombre d'une exception.

Nous avons examiné successivement tous les ar-

guments invoqués par les partisans de la répétition
des sommes payées volontairement pour acquitter
une dette provenant de jeux de bourse; la question
est peut-être plus délicate, alors qu'il s'agit, comme
dans l'espèce dont nous venons de parler, de *titres
remis en nantissement* à titre de couverture. — Le
nantissement, dit-on, est un contrat du droit civil
soumis à certaines règles. Or, pour sa validité, il faut
un acte duement enregistré, contenant la déclaration
de la somme due, ainsi que l'espèce et la nature des
choses remises en gage (art. 2074), ce qui n'existe
point ici. — Par conséquent, la couverture, considérée comme nantissement, est d'une nullité ra-
dicale.

Nous répondrons qu'à la vérité la couverture affecte
les apparences d'un nantissement, et que, d'après
l'art. 3 du règlement général des agents de change,
qui est l'œuvre de la chambre syndicale et auquel
tout postulant est tenu de promettre obéissance avant
d'entrer en fonctions, la couverture est qualifiée
nantissement. Mais ce n'est pas une raison pour
qu'effectivement nous devions y voir un nantissement proprement dit. Quelque expérimentés que
soient les auteurs de ce règlement, ils ont bien pu se
méprendre sur le caractère juridique de ce contrat et
lui donner une qualification impropre, et la preuve,
c'est que toutes les fois que la question s'est présentée
devant les tribunaux, ils se sont efforcés de revenir
sur l'aveu qu'ils ont eux-mêmes gravé dans la loi de
leur institution.

Nous croyons que la couverture constitue une

dation en payement conditionnelle, et que par conséquent il n'y a pas lieu de distinguer entre elle et le
payement proprement dit. Nous supposons, bien entendu, qu'elle se compose de valeurs industrielles :
nul doute que la restitution en serait ordonnée si elle
consistait en billets à ordre ou lettres de change. Les
principes que nous avons eu l'occasion d'exposer
seront appliqués dans ce cas comme dans tous les
autres.

D'un autre côté, le perdant peut répéter par exception, s'il a été victime d'un dol, s'il a payé par
erreur et enfin s'il était incapable de payer valable-
ment une dette même légitime, par exemple s'il était
mineur ou interdit.

——◦◉◦——

CHAPITRE VII.

Du paiement de la dette de jeu.

Que faut-il entendre par payement? La remise
effective de la somme perdue peut-elle être remplacée
par certains actes dont le but est de reconnaître la
dette, et d'en assurer l'acquittement en lui prêtant les
apparences d'une source légitime? Aucun doute n'est
permis à cet égard. Le payement dont parle en propres
termes l'art. 1967 est seul considéré comme un fait

irrévocable. Lui seul peut empêcher la répétition. C'est en vain que le gagnant se sera fait consentir une obligation notariée ou souscrire un effet de commerce. La question s'est présentée notamment à propos des jeux de bourse. Il a été jugé que, pour déclarer la nullité de billets, d'ailleurs parfaitement réguliers à tous égards, il suffit qu'il résulte des faits et circonstances de la cause que les créances qu'ils ont pour objet sont le résultat du jeu.

En effet, c'est uniquement dans le cas où le perdant au jeu a payé volontairement, et où le gagnant à reçu sans fraude, qu'il n'y a pas lieu à répétition.

Le gagnant qui exerce de son chef une action en payement ne saurait être asssimilé à celui qui se borne à repousser une action en répétition. Dirat-on que le perdant en novant en quelque sorte sa dette, a couvert la nullité dont elle était originellement entachée ? C'est encore là un argument inadmissible, car, en droit, on ne peut déroger, par des conventions particulières, aux lois qui intéressent l'ordre public et les bonnes mœurs, et telle est celle qui a pour objet de prohiber le jeu, et de réprimer les arrangements quelconques combinés par les parties pour la fraude. Il est évident qu'en matière commerciale le tiers porteur de bonne foi est à l'abri des exceptions qui peuvent être opposées au cédant. Mais si, en fait, le cessionnaire n'avait pas ignoré la cause vicieuse de la créance cédée, il ne serait pas plus favorablement traité que le cédant. Enfin, comme c'est en fraude des lois répressives du jeu que ces billets ont été souscrits, la preuve par présomption ainsi que celle par témoins doit être admise, comme dans tous les cas où il s'agit d'actes faits en fraude d'une loi, et notamment d'une loi qui intéresse l'ordre public. A plus forte raison en est-il de même lorsque; pour enjeu, les joueurs ont mis des billets souscrits par eux, car alors il n'y a pas même l'apparence d'une novation. Nous devons faire observer qu'aucun recours ne serait donné au souscripteur contre le gagnant, qui, avant toute réclamation et au moyen d'une négociation, aurait touché le montant de l'effet. L'art. 1967 prohibe toute répétition même indirecte des sommes volontairement payées.

On doit décider qu'il y a payement dans le sens de l'art. 1967, lorsque le perdant remet à l'autre partie un billet souscrit par un tiers, et qu'il l'endosse au profit du gagnant. Il n'y a de payement volontaire et réel que par le dessaisissement et le transport de la propriété des valeurs données en payement, que, si, en fait de meubles, la possession vaut titre, ce principe n'est pas applicable aux meubles incorporels, dont la propriété se transmet, non par une simple tradition manuelle, mais par la voie de l'endossement, conformément aux art. 136 et 187 du Code comm., d'où il résulte qu'il n'y a pas payement sans la formalité de l'endossement.

En résumé, toutes les fois que le payement a été consommé entre les mains du gagnant en argent, la répétition ne peut pas être exercée par le perdant.

Que déciderons-nous du payement fait au moyen d'un immeuble?

La législation ancienne s'était préoccupée de cette

question ; l'art. 141 de l'ordonnance de 1629 la prévoit en termes formels : « Et d'autant que l'effrénée
« passion du jeu porte quelquefois à jouer des im-
« meubles, nous voulons et déclarons que, nonobs-
« tant la perte ou délivrance desdits immeubles,
« quoique déguisée en vente, échange ou autre-
« ment, les hypothèques demeurent aux femmes
« pour leur conventions, ou aux créanciers pour
« leurs dettes, nonobstant tout décret, s'il est prouvé
« que l'aliénation desdits immeubles procède du
« jeu. » Le payement en immeubles était donc
valable, sauf la réserve des droits des femmes et des
créanciers. — Cette tolérance disparut avec la déclaration du 1er mars 1781, qui frappe de nullité les
ventes, cessions, transports et tous autres actes de
quelque nature qu'ils puissent être, ayant pour objet
une dette de jeu. Le Code Napoléon ayant établi un
système complet de législation sur le jeu, sans reproduire cette disposition rigoureuse, nous pensons
qu'elle doit être considérée comme abrogée. Nous
validerons donc le payement fait en immeubles;
est-ce à dire que nous donnerons à la vente, sous
laquelle il se cachera le plus souvent, les effets d'une
vente véritable ? Non certes ; en cas d'éviction, l'acquéreur ne pourra exercer l'action en garantie contre
son prétendu vendeur, parce que l'action en garantie
est une action personnelle, qui a pour objet la restitution d'une somme d'argent, et qu'il n'y a pas eu
dans l'espèce de somme déboursée par le prétendu
acheteur.

Il faut distinguer soigneusement entre les actes qui

consistent simplement à déguiser une dette de jeu, et à conférer au gagnant une action que lui refuse l'art. 1965, et les actes par lesquels le perdant, pour remplir son obligation, se dessaisirait d'une valeur ou d'un droit quelconque.

De l'ensemble de la théorie que nous venons d'exposer, il résulte que la délégation faite pour acquitter une dette de jeu, lorsqu'elle est acceptée, constitue un payement dans le sens de l'art. 1967, bien que le perdant se soit formellement obligé à la garantie. Cette réserve est en effet illusoire et doit être considérée comme non avenue, car si le cessionnaire voulait s'en armer pour poursuivre le perdant, la demande serait repoussée comme ayant pour objet le payement indirect d'une dette de jeu. Cette décision est en tous points analogue à celle que nous avons donnée au cas où le perdant a transmis au gagnant, par la voie de l'endossement, un billet souscrit par un tiers. Le payement est consommé ; mais, si à l'échéance, le souscripteur du billet ne paie pas, le gagnant n'aura aucun recours contre le perdant, bien que ce dernier soit endosseur, et par conséquent garant.

Quels que soient les actes sous l'apparence desquels on s'est efforcé de déguiser les obligations résultant du jeu, le perdant peut être appelé à prouver par témoins la cause illicite du contrat. L'art. 1341 C. Nap. ne saurait s'appliquer ici, car nous sommes dans l'hypothèse de l'art. 1353 qui permet au juge d'admettre toute sorte de présomptions concluantes en cas de fraude, et sa disposition est illimitée. Les parties ont voulu éluder une disposition d'ordre public, qui, dans la pensée du législateur, est un frein pour l'immoralité, en même temps qu'une protection pour la faiblesse et l'inexpé - rience. Des présomptions suffiraient même, pourvu qu'elles fussent graves, précises et concordantes; aux termes de l'art. 1353, les présomptions peuvent être admises, dans tous les cas où la loi admet la preuve par témoins. Ces moyens de défense, quelquefois difficiles à présenter avec certitude, sont les seuls que la loi mette à la disposition du majeur, qui a été assez imprudent pour s'engager à payer des dettes de jeu après avoir commis la faute de les contracter. Mais le mineur et la femme mariée n'ont pas besoin de recourir à ces extrémités ; ils n'ont qu'à invoquer l'incapacité dont la loi les frappe pour les protéger, et les actes qu'ils auront induement consentis seront annulés sans qu'ils aient à prouver que la cause en est illicite, comme provenant du jeu.

———◦◖◦———

CHAPITRE VIII.

Du contrat d'assurance sur la vie.

Notre tâche est terminée en ce qui concerne le jeu et le pari ; nous croyons avoir donné une idée complète de la législation qui régit ces deux contrats,

tout en restant dans les limites étroites que nous impose la nature de cette étude. L'art. 1984 énumère
d'autres contrats aléatoires : le contrat d'assurance,
le prêt à grosse aventure et la rente viagère. Nous
avons déjà fait observer qu'il n'entre pas dans notre
plan d'étudier les deux premiers; il ne nous reste
donc plus à traiter que de la rente viagère.

Mais nous devons, avant d'aborder cette nouvelle
matière, dire un mot d'une espèce de pari, fort connu
dans l'ancienne jurisprudence, qui portait le nom
d'assurance sur la vie, et qu'il faut bien se garder de
confondre avec ce que nous appelons, aujourd'hui,
contrat d'assurances sur la vie. Nous voulons parler
des paris sur la vie de l'homme. Ces sortes de ga-
geures doivent être proscrites comme étant d'une
inutilité et, qui pis est, d'une immoralité flagrantes.
Il en est autrement du véritable contrat d'assurances
sur la vie. C'est un contrat par lequel un assureur,
moyennant une somme fixe, ou une prime annuelle
qu'il reçoit, s'engage à fournir un capital, ou une
rente payable soit aux héritiers du stipulant à l'é-
poque de son décès, soit au stipulant lui-même lors
du décès d'un tiers. L'assurance, dans ces cas, est
fort légitime ; elle préserve les personnes survivantes
des dommages que le décès du stipulant pourrait
leur occasionner.

Mais on abuse des meilleures choses : cette assurance, excellente dans son principe, est dénaturée
quelquefois par la spéculation, et dégénère en un
pari condamnable. C'est ce qui arrive si l'on prend
une assurance sur la vie d'une personne sans avoir

aucun intérêt à la durée de son existence. En vain dira-t-on que, dans un pari, il n'y a de profit que pour une seule partie, celle qui gagne, tandis qu'ici, il y a profit pour les deux parties, prime d'un côté, indemnité de l'autre. N'y a-t-il donc pas pari lorsque je vous donne cent, à condition que si vous perdez, vous me donnerez mille? Il y a une autre combinaison qui assure à la personne survivante, à une époque déterminée, un capital à toucher à cette époque. C'est une assurance contre la vieillesse et les maladies. Nous ne voyons rien là qui ne doive être approuvé. Du reste, ces assurances peuvent revêtir une foule d'apparences; les clauses de ces contrats sont variables à l'infini avec la volonté des parties. Nous avons seulement voulu donner une idée de ces contrats afin qu'on ne fût pas tenté de les confondre avec les paris, et de les repousser comme eux, alors qu'ils méritent toute la faveur du législateur, quand ils ne sont pas détournés de leur but par des spéculations odieuses. Nous en avons assez dit pour bien établir ce point important. Nous arrivons maintenant à la rente viagère.

DEUXIÈME PARTIE.

CHAPITRE PREMIER.

Définition de ce contrat. — Son origine. — Sa légitimité.

Après avoir condamné comme immorales dans leur principe, et désastreuses dans leurs conséquences, les conventions qui n'ont d'autre base que le jeu ou le pari, le législateur s'est demandé s'il devait envelopper dans la même réprobation tous les contrats aléatoires, et notamment la rente viagère. Quelques personnes, poussant le scrupule jusqu'à l'excès, n'admettent ce contrat qu'avec une répugnance et une défaveur qui ne sauraient raisonnablement se justifier.

Qu'est-ce en effet que la rente viagère ? C'est celle dont la durée est bornée au temps de la vie d'une personne ou de plusieurs personnes.

On peut la définir une convention aléatoire par

laquelle l'un des contractants s'engage à payer à l'autre une rente périodique, et dont la durée est bornée à la vie d'une ou de plusieurs personnes, de laquelle rente il se constitue le débiteur pour un certain capital, soit mobilier, soit immobilier, qu'il reçoit pour prix de la constitution.

Ce n'est pas au droit romain, à qui il était inconnu, que nous demanderons de consacrer la légitimité de ce contrat. C'est au moyen âge, c'est à cette législation si rigoureuse qui crut devoir proscrire jusqu'au prêt à intérêt lui-même. La rente viagère apparaît à l'aurore des temps modernes. Elle est née du précaire, cette institution d'un usage si fréquent dans les premiers siècles de la monarchie franque, ainsi que nous l'atteste un capitulaire de 846, de Charles le Chauve. Un particulier donnait à une église ou à un monastère, soit un fonds de terre, soit un capital en argent, et il recevait en échange des jouissances viagères en usufruit ou en rente. Mais comme l'aliénation de la propriété était définitive, tandis que l'usufruit ou la rente étaient limitées à la vie de celui qui les recevait, ces jouissances devaient être supérieures au revenu annuel de la chose aliénée.

Les critiques dirigées contre le contrat de rente viagère appartiennent à deux ordres d'idées différents; des théologiens, comme Henri de Gand, lui reprochent d'être entaché d'usure; des jurisconsultes, parmi lesquels nous citerons M. Toullier, l'accusent de servir la dissipation et l'égoïsme, et d'être devenu une sorte de jeu funeste et ruineux pour les familles.

Nous n'hésitons pas à le dire, ces plaintes sont le fruit de l'erreur et de l'exagération.

On se trompe quand on parle d'usure à propos de la rente viagère. Le revenu payé au crédirentier représente, non pas l'intérêt d'une somme déboursée pour un certain temps, mais bien la compensation de la perte d'un capital aliéné pour toujours. Ce n'est donc pas là un prêt. Il est juste que l'acheteur soit indemnisé par l'élévation du taux de la rente, de la chance qu'il court de n'en jouir que fort peu de temps; c'est là ce qui ne se rencontre point dans la rente constituée.

On exagère quand on ne veut voir dans le contrat dont nous nous occupons, « qu'un odieux calcul « d'avarice et de cupidité, le froid conseiller de « l'égoïsme, le compagnon solitaire de la misan- « thropie, l'ennemi de toute affection sociale et le « spoliateur des familles. » Ce sont là les termes énergiques dont se sert le tribun Duveyrier dans son discours au corps législatif.

Ne suffit-il pas de répondre, avec M. Portalis, que, presque toujours, la rente viagère n'est qu'un moyen de subsistance pour un homme isolé qui n'a pas de famille, pas d'héritier, ou pour une personne âgée ou infirme, que l'exiguïté de ses ressources force à recourir à cet expédient financier? Les inconvénients et les dangers qui ont été signalés, et dont nous ne méconnaissons pas la gravité, pourront provenir de l'abus de ce contrat et non point du contrat lui-même. Est-ce une raison de le condamner? Les meilleures institutions n'offrent-elles pas les mêmes périls? Le testament ne peut-il pas devenir, entre les mains d'un homme corrompu ou abusé, une arme odieuse de spoliation et de vengeance? Et pourtant, personne que je sache n'a voulu supprimer la faculté de tester. Il est donc puéril de s'alarmer outre mesure d'une imperfectibilité inhérente à toute création humaine.

Il y a dans la rente viagère une vente réelle, comme dans la rente constituée; c'est bien là un contrat sérieux et digne de la protection des lois. Si le hasard vient s'y mêler, c'est dans une mesure restreinte et légitime. Le crédirentier risque un capital certain pour des revenus dont le taux élevé l'indemnisera s'il vit longtemps encore. Le débirentier, de son côté, ne consent à payer des intérêts supérieurs à ceux qu'il retire du capital aliéné, que parce qu'il peut être, dans un bref délai, libéré de toute espèce d'obligation. C'est à ce point de vue que l'élément du pari se trouve essentiellement mêlé au contrat de rente viagère.

Nous ferons en outre observer que les législations de tous les peuples ont reconnu la légitimité de ce contrat. Il n'y a de divergences entre elles que sur des points de détail; nous aurons soin de signaler les plus remarquables.

CHAPITRE II.

Nature et caractères de la rente viagère.

Il importe, maintenant que nous avons fait justice
des critiques dont elle est l'objet, de bien établir la
nature et les caractères de la rente viagère. Nous
avons déjà reconnu que c'est un contrat essentiellement aléatoire ; or, l'aléa étant un de ses caractères
distinctifs, il en résulte qu'on ne doit pas considérer
comme une rente viagère la prestation qui n'a
d'aléatoire que le nom et qu'on ne doit pas l'entou-
rer des priviléges introduits en considération de
l'aléa. C'est ce que fait très-bien ressortir M. Troplong
dans son commentaire sur l'art. 1968 du Code Nap.
Il cite comme exemple un contrat dans lequel
Pierre vend à Paul un immeuble de 4,000 fr. pour
une rente viagère de 200 fr. Il n'y a évidemment pas
ici d'incertitude, pas d'aléa. La vente sera donc susceptible de rescision, ou même de réduction, car
elle est mélangée de libéralité. Cette doctrine a été
expressément consacrée par un arrêt de la Cour de
cassation du 22 février 1836.

Il faut bien se garder de confondre le contrat de

rente viagère avec la convention par laquelle une partie s'assure, moyennant un prix, la nourriture, le logement et le vêtement jusqu'à la fin de sa vie. Cette dernière convention est un bail à nourriture, qui ne se règle pas par les principes particuliers à la rente viagère. En effet, de ce que la rente viagère produit des fruits comme la rente perpétuelle, il résulte qu'elle doit consister en une somme fixe, déterminée de fruits payables par annuités.

En conséquence nous n'appliquerons pas à cette convention particulière l'art. 1978. Si le débiteur cesse de remplir ses engagements, le créancier pourra demander la résolution du contrat, tandis que s'il s'agissait d'une rente viagère proprement dite, il ne pourrait que saisir et faire vendre les biens de son débiteur et faire ordonner ou consentir, sur le produit de la vente, l'emploi d'une somme suffisante pour le service des arrérages.

Il a été jugé que l'acte par lequel un individu vend un immeuble, à la charge par l'acquéreur de le nourrir, chauffer, loger et éclairer, tant en santé qu'en maladie, jusqu'à son décès, constitue un contrat aléatoire, et que cette vente ne peut être attaquée comme étant sans prix, par le motif que le revenu de l'immeuble est supérieur à l'évaluation donnée à la pension annuelle du vendeur, abstraction faite et des accidents qui peuvent diminuer le revenu de l'immeuble, et de ceux qui peuvent rendre la pension plus onéreuse pour l'acquéreur (C. cassation, 16 av. 1822).

L'art. 1968 est ainsi conçu : « La rente viagère peut

être constituée à titre onéreux, moyennant une somme d'argent, ou pour une chose mobilière appréciable, ou pour un immeuble. » Les art. 1969 et 1970 nous apprennent qu'elle peut aussi être contituée à titre gratuit.

Quand la rente est constituée à titre onéreux, l'acquéreur de la rente achète de celui qui la constitue le droit d'exiger de lui les annuités convenues, en aliénant à son profit une somme d'argent, une chose mobilière ou immobilière.

On a beaucoup discuté, surtout avant le Code, sur la nature du droit acheté par le crédirentier. D'après une doctrine adoptée par M. Toullier, la rente viagère n'aurait pas de capital, et les annuités représenteraient non pas des intérêts produits par la somme aliénée, mais bien des portions même de cette somme. C'est ainsi que nous trouvons ce système formulé dans Casaregis : « In effectu, fructus, « qui percipitur ex juribus vitalitiis, revera non est « fructus, sed potius distributa exactio sortis sub in-« certo eventu » (Dis. 96, n° 14).

Cette doctrine, qui avait l'avantage d'écarter toute idée d'usure, ne prévalut pas, même dans l'ancien droit. Elle est en effet inadmisible. Il est bien évident qu'il y a dans la rente viagère, comme dans la rente constituée, un capital distinct des rentes qu'il produit; seulement dans la première il est temporaire, tandis que dans la seconde il est perpétuel. C'est ce qui nous est surabondamment démontré par l'art. 584 C. Nap., qui range sans distinction dans la classe des fruits civils les arrérages de rentes, et par les art. 1909 et 1910, où nous voyons les arrérages considérés comme intérêts d'un capital. L'art. 1977 parle d'un cas où le créancier peut rentrer dans le capital de la rente viagère. Enfin l'usufruitier d'une rente viagère a le droit, d'après l'art. 588 C. Nap., d'en percevoir les arrérages pendant la durée de l'usufruit, sans rien restituer à la fin. Si la rente faisait partie du capital, l'usufruitier devrait placer les arrérages et n'en toucher que les intérêts.

Enfin les arrérages de la rente viagère, comme ceux des rentes perpétuelles, se prescrivent par cinq ans, tandis que le droit lui-même ne se prescrit, comme les rentes perpétuelles, que par trente ans (art. 2263.)

Lorsque la rente viagère est constituée à titre onéreux et moyennant une somme d'argent, la chose vendue, c'est la rente ; le prix, c'est la somme aliénée. Le prix ne peut consister qu'en argent et non en toute autre chose mobilière ou immobilière ; si donc le crédirentier aliène un meuble ou un immeuble pour acquérir une rente, ce meuble ou cet immeuble est l'objet de la vente et la rente en est le prix. Il n'y a plus là, à proprement parler, constitution de rente viagère, mais bien vente à fonds perdu. Cette distinction a une grande importance pratique.

L'enregistrement perçoit le droit de vente sur ces contrats, et non pas celui de rente viagère.

Dans la vente à fonds perdu, le contrat est consensuel, et par conséquent parfait par le seul consentement (art. 1138). L'acheteur est propriétaire sans qu'il y ait eu tradition, et la chose est à ses risques dès que le consentement est intervenu. — Au contraire, le contrat de rente viagère proprement dit, c'est-à-dire consenti moyennant une somme d'argent ou un meuble *in genere*, est réel, car il n'est qu'une variété du prêt. La non exécution du contrat, tant qu'il n'y a pas eu tradition du capital aliéné, ne peut donner lieu qu'à une demande en dommages-intérêts.

Néanmoins on peut convenir que les arrérages seront payables avant le terme stipulé pour la tradition du capital ; l'aléa, qui est l'élément essentiel de ce contrat, écarte toute idée d'usure. Si le débirentier a promis de payer les arrérages avant l'acquisition du capital, ce n'est pas un sacrifice sans équivalent qu'il fait, car il a la chance de gagner le capital, si le créancier meurt dans un bref délai. Une pareille clause ne serait pas valable dans les rentes perpétuelles, à moins que les arrérages payés avant la tradition, réunis à ceux payés postérieurement, n'excédassent pas le taux de l'intérêt légal.

Enfin le contrat de rente viagère est unilatéral : la vente à fonds perdu est un contrat synallagmatique.

L'art. 529 Code Napoléon a tranché une question souvent controversée dans l'ancien droit en rangeant nominativement les rentes dans la classe des meubles. Devons-nous comme tels les faire tomber dans la communauté par l'effet du mariage, tant pour le capital que pour les arrérages échus pendant le mariage ? Je le crois, car une rente viagère peut être cédée. L'époux qui ne l'a pas exceptée de la communauté doit être réputé la lui avoir cédée, en présence des termes si généraux et en même temps si précis des art. 529 et 1401 C. Nap.

La rente viagère peut être constituée par acte authentique ou par acte sous seing privé, conformément aux règles qui régissent les contrats unilatéraux. Mais il ne faut pas oublier que l'acte sous seing privé ne fait foi de sa date à l'égard des tiers qu'autant qu'il est enregistré.

L'art. 1969 C. Nap. nous apprend que la rente viagère peut aussi être constituée à titre purement gratuit par donation entre vifs ou par testament. Elle doit être alors revêtue des formes requises par la loi. Ce n'est pas là un contrat aléatoire : c'est tout simplement la rente de dons et legs de notre ancienne jurisprudence, une pure libéralité, dont l'étendue est incertaine à l'origine, mais qui ne peut en aucun cas procurer un gain à celui qui la constitue, ni occasionner une perte à celui au profit de qui elle est constituée. Aussi l'art. 1970 déclare la rente viagère constituée à titre purement gratuit réductible si elle excède ce dont il est permis de disposer. Mais comment estimera-t-on si elle excède ou non la quotité disponible ? On voit tout de suite la difficulté. La quotité disponible, qui ne sera pas dépassée si le rentier ne vit qu'un an ou deux, le sera si sa vie se prolonge durant vingt années. Comment savoir dès à présent l'époque de la mort qui doit mettre fin à l'existence de la rente ? Dans l'impossibilité de trouver un mode d'appréciation satisfaisant, l'art. 1969 donne le choix à l'héritier ou de servir intégralement la rente viagère, ou d'abandonner au rentier toute la quotité disponible en pleine propriété.

Mais ce système ne sera pas toujours praticable (art. 1970): si le légataire de la rente viagère se trouve en concours avec d'autres légataires, il faudra bien procéder à une réduction proportionnelle, et pour cela déterminer par un chiffre la valeur de la rente. Cette appréciation sera faite approximativement d'après les circonstances, l'âge et la santé de la personne sur la tête de laquelle la rente a été constituée.

La donation de rente viagère doit être considérée comme nulle si elle est faite au profit d'une personne incapable de recevoir. Nous aurons occasion de signaler quelques dispositions relatives à la rente viagére à titre onéreux qui s'appliquent également aux rentes viagères à titre gratuit.

—•◉•—

CHAPITRE III.

Conditions de validité du contrat de rente viagère.

Aux termes de l'art. 1971, la rente viagère peut être constituée soit sur la tête de celui qui en fournit le prix, soit sur la tête d'un tiers qui n'a aucun droit d'en jouir. — Cette disposition a été critiquée : on a fait observer qu'il était dangereux pour un tiers de faire reposer sur sa vie la durée de la rente viagère ;

que c'était l'exposer au *votum captandæ mortis*, —
peut-être même provoquer un crime contre lui, —
sans qu'il pût rien faire pour éviter un danger qu'il
ignorerait souvent. Nous répondons que de pareils
crimes sont tellement exceptionnels que le législateur
n'a pas dû les prévoir, et que du reste l'expérience a
montré combien ces craintes étaient chimériques,
car cette faculté de constituer la rente sur la tête
d'un tiers nous vient de l'ancien droit. On voit souvent à cette époque des contrats qui constituent la
rente sur la tête du souverain.

La rente viagère (art. 1972) peut être constituée sur
une ou plusieurs têtes. Habituellement elle est constituée sur la tête du créancier. Lorsqu'elle l'est sur
celle d'une tierce personne désintéressée, le décès de
cette personne fait évanouir la rente et non le décès
du créancier. Ce tiers n'a besoin d'aucune condition
de capacité, puisqu'il n'y a aucune disposition qui le
concerne. Ajoutons que cette sorte de convention ne
se supposera pas facilement. Nous trouvons dans
l'ancienne jurisprudence des exemples de rentes constituées sur la tête du vendeur.

Cette combinaison peut, ainsi que l'indique le tribun Duveyrier, être adoptée soit pour attribuer successivement la jouissance de la rente aux personnes
sur l'existence desquelles elle repose, soit pour en assurer l'avantage à soi-même et à ses héritiers jusqu'à
l'extinction de toutes les têtes auxquelles elle a été
attachée. Mais il faut que la personne sur la tête de
qui la rente est établie, soit désignée au moment du
contrat, afin que l'*alea* soit indépendant du fait

des parties. La cour de Caen, par un arrêt du 16 mars 1852, confirmant un jugement du tribunal de cette ville, fait remarquer que, s'il en était autrement, le débiteur qui doit calculer les chances de perte ou de profit d'après l'état de celui sur la tête duquel la rente est constituée, se trouverait à la merci du créancier qui pourrait altérer le fonds même de l'engagement, en désignant à sa volonté la personne pendant la vie de laquelle la rente devrait être servie, ou bien en faisant revivre par une désignation testamentaire *in extremis*, une rente qui allait s'éteindre.

Si la rente a été constituée sur plusieurs têtes et que l'une d'elle vienne à périr, la rente subsiste-t-elle dans son intégrité, jusqu'à l'extinction de toutes les têtes, ou périt-elle pour partie? La première solution est seule admissible, personne ne le contestera, lorsqu'il s'agit de tierces personnes non intéressées au contrat. Il est évident, en effet, que la condition de l'extinction de la rente est dans la mort de toutes les personnes désignées pour en déterminer la durée.

La question est plus délicate lorsque la rente a été constituée sur la tête et au profit de deux ou trois personnes dont l'une vient à mourir. Des jurisconsultes distingués soutiennent que la mort de l'un des crédirentiers opère l'extinction de la rente pour partie, par cette raison que, quand une chose divisible est due à deux personnes sans solidarité, il est de principe que moitié seulement est due à chacune d'elles. Nous n'hésitons pas à rejeter cette opinion comme contraire à l'intention du législateur et au vœu des parties elles-mêmes. En admettant l'extinction de la rente par parties en cas de décès de l'un des crédirentiers, il faut supposer que deux rentes séparées ont été créées sur deux têtes, tandis qu'il ne s'agit ici que d'une seule rente établie sur deux têtes. C'était là l'opinion de Pothier, qui, tout en n'attribuant au survivant des époux que la moitié des arrérages des rentes viagères constituées au profit des deux époux, établit que si le survivant n'a droit qu'à la moitié de la rente, l'autre moitié est acquise aux héritiers de l'époux prédécédé. Donc pas d'extinction partielle de la rente. Nous devons mentionner ici un arrêt de la cour de Dijon, qui décide que le legs d'une rente viagère fait conjointement à deux personnes, sans clause de reversibilité, s'éteint par moitié au décès de l'un des colégataires et qu'il ne peut y avoir accroissement au profit du survivant qu'au cas d'indivisibilité de la chose léguée.

Nous arrivons à l'art. 1973 : « Elle (la rente) peut « être constituée au profit d'un tiers, quoique le « prix en soit fourni par une autre personne. »

Dans ce dernier cas, quoiqu'elle ait les caractères d'une libéralité, elle n'est point assujettie aux formes requises pour les donations, sauf les cas de réduction et de nullité établis dans l'art. 1970.

Cette disposition n'est qu'une application particulière de la règle générale posée dans l'art. 1121.

Qu'il nous soit permis de dire quelques mots au sujet de cet article, bien qu'il ne se rattache à notre matière que d'une façon indirecte.

Les rédacteurs du Code, après avoir reproduit tant bien que mal la règle romaine, *alteri stipulari non possumus,* tranchent tout à coup, par cet art. 1121, une question complétement étrangère à la matière qui les occupe. Confondant d'une façon vraiment singulière deux théories indépendantes l'une de l'autre, ils se demandent si un tiers acquiert quelque chose par la stipulation qui n'est pas faite en son nom ; en d'autres termes, si un homme peut acquérir une créance par le ministère d'autrui. Ils répondent affirmativement, et ils ajoutent que celui qui a fait cette stipulation en son propre nom ne peut plus la retirer, si le tiers a déclaré vouloir en profiter. Il est difficile de comprendre en bonne logique, qu'en stipulant en mon propre nom, je puisse conférer un droit quelconque à un tiers. La loi voit là une opération double, une stipulation en mon propre nom, à laquelle se joint immédiatement une pollicitation à l'égard d'un tiers, pollicitation qui, une fois acceptée, ne peut plus être révoquée. En stipulant une rente en mon propre nom, je l'acquiers donc au profit d'un tiers, absolument comme si j'étais son mandataire. Il fallait une disposition bien précise pour établir cette conséquence, à laquelle on ne serait jamais arrivé par le raisonnement. Nous nous inclinons devant l'omnipotence du législateur, tout en faisant remarquer qu'il en a largement usé. Du reste, sa décision, bien qu'inexplicable en théorie, n'a rien d'injuste en pratique. On peut, en effet, dire que la loi interprète la volonté des parties en ce sens qu'il y a pollicitation tacite.

Bien qu'il soit évident que nous avons ici une offre de donation, nous n'exigerons ni un acte notarié, ni une acceptation authentique. Il suffira même, pour établir cette acceptation, que le tiers ait touché un seul terme de la rente.

Si le stipulant mourait avant que le tiers eût accepté, il ne pourrait plus y avoir acceptation, car le concours des volontés serait devenu impossible. Autrement ce ne serait plus le stipulant, mais ses héritiers, qui joueraient le rôle de donateur. C'est là une règle de fond des donations, et nous savons que l'art. 1973 ne dispense que des règles de formes.

Dans un pareil cas, qui profiterait de la caducité de la donation ? Les héritiers du stipulant. Cependant on pourra décider autrement dans certaines circonstances. S'il était démontré, par exemple, que le stipulant et le promettant s'intéressaient également au tiers, tous deux devraient profiter de la résolution du contrat. On donnera la même décision au cas où le tiers au profit duquel la rente a été stipulée, sera incapable de recevoir de celui qui en a fourni la valeur. Le débiteur devra néanmoins la servir sans s'occuper de cette incapacité.

Les héritiers de l'acquéreur de la rente sont également recevables à critiquer sa libéralité, mais eux seuls profiteront de la réduction ou de la nullité. Le constituant doit payer la rente jusqu'au décès du tiers donataire.

La stipulation d'une rente achetée à frais communs par deux personnes, à la condition qu'elle continuera sans diminution sur la tête du survivant, n'est pas une libéralité, puisqu'il y a ici un aléa, une chance de survie pour l'un des contractants comme pour l'autre.

Mais que décider si la rente viagère a été acquise par un mari, pendant le mariage, des deniers de la communauté, avec stipulation que la rente passera sans diminution sur la tête de l'époux survivant ?

Un arrêt de la cour de Rennes, du 15 février 1840, voit dans l'espèce une donation faite à la femme par le mari, et la soumet en conséquence à la réduction dans les limites de la quotité disponible. D'après cette décision, l'aléa n'est pas suffisant pour enlever à cette stipulation le caractère de donation ; ce qui le prouve, dit-on, c'est que les gains de survie, bien que soumis à des chances aléatoires, n'en sont pas moins des avantages aux termes mêmes de l'art. 1329 du Code Napoléon. Il ne nous paraît pas possible d'admettre ce système.

La communauté n'a acquis la rente qu'à la condition expresse de ne pas partager les arrérages. On prétend que l'époux survivant, s'il gardait la rente intégralement, s'enrichirait aux dépens du prédécédé. C'est là une erreur puisqu'à l'origine il y a même chance pour l'un que pour l'autre. L'avantage est donc partagé comme dans toute convention aléatoire. L'égalité des chances est commune aux deux parties contractantes.

Il y aurait bien évidemment donation si cette égalité n'existait pas, si nous supposons, par exemple, un mari très-vieux ayant une jeune épouse, et achetant des deniers de la communauté une rente viagère reversible sur la tête du survivant.

La renonciation de la femme ne saurait l'empêcher de réclamer le bénéfice de la constitution de rente stipulée tant à son profit qu'au profit de son mari pour prix de la vente d'un bien de communauté. C'est là bien plutôt un contrat aléatoire régi par l'art. 1973 qu'une donation mutuelle entre époux tombant sous le coup de l'art. 1097 C. Nap.

Les art. 1970 et 1960 nous amènent à décider que, quand la rente viagère est une libéralité, elle est révocable pour cause de survenance d'un enfant légitime au donateur qui n'en avait pas au temps de la donation.

Tout contrat de rente viagère créée sur la tête d'une personne qui était morte au jour du contrat, ne produit aucun effet (art. 1479).

Il en est de même du contrat par lequel la rente a été créée sur la tête d'une personne atteinte de la maladie dont elle est décédée dans les vingt jours de la date du contrat (art. 1975).

Si la personne sur la tête de laquelle est constituée la rente n'existe pas au moment du contrat, il est évident que tout est nul, puisqu'il manque l'aléa, cet élément essentiel de toute convention aléatoire. Et dans le cas où le capital de la rente aurait été fourni, il doit être restitué.

La bonne foi des parties ne peut valider un pareil contrat; il est nul, alors même qu'elles ignoraient toutes la mort de la personne désignée. Rien ne peut en effet suppléer l'aléa qui fait défaut. Les auteurs ont soin de signaler ici une différence entre la rente viagère et l'assurance maritime. Ce dernier contrat a pour but d'assurer tous les risques, même les sinistres passés, pourvu qu'ils soient ignorés. Le législateur, en édictant l'art. 365 du Code de commerce, a été guidé par des besoins impérieux de sécurité commerciale. Rien dans la rente viagère ne justifierait une semblable exception aux principes; il devait donc déclarer nul un contrat passé en l'absence de tout aléa.

Il ne suffit pas que la personne à laquelle est attachée la rente viagère, existe au moment de la convention ; il faut de plus que son état soit de nature à communiquer au contrat un caractère aléatoire. Si donc le vendeur mourant au moment de la passation de l'acte, succombe peu de temps après, la nullité devra être prononcée. L'ancien droit avait le tort de laisser beaucoup à l'arbitraire du juge en lui donnant mission d'apprécier souverainement les circonstances qui pouvaient vicier le contrat conclu pendant la maladie du crédirentier. Le Code a établi à cet égard une présomption *juris et de jure*.

Il semble qu'on ne devrait pas appliquer l'art. 1975 au cas où la rente est constituée à titre gratuit, car cet article n'a d'autre but que de maintenir l'égalité des risques, en empêchant l'aléa de ne figurer dans le contrat que comme une fiction illusoire. Or la constitution de rente viagère à titre gratuit n'a rien d'aléatoire. Néanmoins il a été jugé que toute rente viagère sans distinction doit être annulée, si le constituant était atteint de la maladie dont il est mort dans les vingt jours depuis le contrat.

S'il s'agissait d'un acte ayant le titre, le caractère et la forme d'une donation entre vifs, il deviendrait bien impossible de le faire tomber sous le coup de de l'art. 1975, alors même que l'auteur de cet acte se serait réservé une rente viagère. Il n'y aurait là en effet qu'une condition qu'il était libre d'attacher à sa libéralité, en vue de se conserver des moyens d'existence. Mais c'est vainement qu'on prétendrait échapper à la prohibition en imaginant une donation d'argent faite à la charge par le donataire de servir au donateur une rente calculée sur le taux ordinaire des rentes viagères. Les juges n'hésiteraient pas à reconnaître dans ce contrat une véritable constitution de rente viagère et à lui en imposer rigoureusement toutes les règles.

Nous pensons avec M. Troplong que l'art. 1975 doit s'appliquer même au cas où le malade qui a donné sous la condition d'une rente viagère avait connaissance de son état ; c'est donc inutilement que les parties antidateraient le contrat de constitution de rente viagère par acte sous seing privé. On a toujours appliqué la nullité à la rente constituée sur la tête de celui même qui fournit le capital, comme à celle qui repose sur une tête étrangère. Cette nullité n'est pas simplement relative. On a soutenu à tort que le crédirentier pouvait renoncer à s'en prévaloir, lui qui pouvait faire donation de la somme ou de l'objet qui forme le capital de la rente viagère.

L'art. 1975 fait-il une distinction? En aucune

façon. Il établit une nullité, il présume que le constituant a ignoré son état ou celui de la personne sur la tête de laquelle la rente est constituée, et cette présomption n'admet pas la preuve contraire. Alors même que le constituant déclare vouloir valider le contrat, s'il vient à mourir dans les vingt jours, il n'est pas démontré qu'il ait voulu faire une donation, car il n'agissait que sous l'influence de ce sentiment inné qui, jusqu'au dernier moment, fait espérer à l'homme que la vie ne l'abandonnera pas.

L'art. 1975 contient une exception au droit commun. Il doit donc être strictement limité au cas qu'il prévoit, c'est dire que nous ne l'appliquerons pas dans l'hypothèse d'une rente créée sur plusieurs têtes, quand bien même les deux personnes sur lesquelles la rente a été constituée viendraient à décéder dans les vingt jours.

Doit-on comprendre dans les vingt jours exigés par l'art. 1975 le jour de la date du contrat? Nous ne le pensons pas; car, si le jour de la date était compris dans les vingt jours, il n'y aurait pas vingt jours complets, et le vœu de la loi ne serait qu'imparfaitement rempli.

C'est ici le lieu de parler de la question de preuve, qui a bien son importance. Est-ce au demandeur en nullité à établir le bien fondé de sa demande? Oui; il ne suffit pas, pour annuler le contrat, que le constituant soit décédé dans les vingt jours de l'acte, il faut encore prouver qu'il était atteint au jour de l'acte de la maladie dont il est mort. En effet, s'il était mort par une cause différente, par accident, par exemple, notre article ne recevrait pas son application. Ajoutons que l'art. 1975 est limitatif, que dans aucun cas, le contrat ne peut être attaqué si le crédirentier meurt après les vingt jours. Tout le monde est d'accord pour reconnaître que la grossesse n'est point une maladie, à moins qu'elle ne soit accompagnée de symptômes exceptionnels, précurseurs d'un accouchement dangereux.

Cette nullité, édictée par l'art. 1975, ne peut être invoquée que par l'héritier du crédirentier. Mais comment pourra-t-il exercer une action en présence des art. 1322 et 1328 du Code Nap., qui déclarent que l'acte sous seing privé fait la même foi de sa date que l'acte authentique entre les parties qui l'ont souscrit, et leurs héritiers ou ayant cause? Il est facile de concilier ces deux dispositious, et de permettre à l'héritier d'attaquer l'acte comme antidaté, en faisant observer qu'il n'agit pas du chef de son auteur, mais directement, en vertu de l'art. 1975; il invoque une nullité établie uniquement pour sauvegarder ses droits. Il use d'une faculté qui lui est propre, qui ne lui a pas été transmise par son auteur, incapable de l'exercer lui-même. C'est à lui qui prétend que l'acte est antidaté, de prouver deux choses : d'abord, que l'acte a été fait dans les vingt jours qui ont précédé la mort, ensuite, qu'à l'époque où il a consenti cet acte, le défunt était atteint de la maladie qui l'a emporté. L'art. 1348 Code Nap. laisse au demandeur le choix de ses moyens de preuve; on devra donc l'admettre à établir, même par témoins, que le crédirentier était, lors du contrat, attaqué de la maladie dont il est mort.

Avant de quitter cette matière, notons que les législations étrangères ont imité la prudence du législateur français en limitant elles-mêmes le délai dans lequel la nullité doit être prononcée. Nous en trouvons un exemple dans le code sarde; seulement, au lieu de vingt jours, c'est quarante jours qu'il exige entre le contrat et le décès.

———o❍o———

CHAPITRE IV.

Du taux des arrérages.

D'après l'art. 1976, la rente viagère peut être constituée au taux qu'il plaît aux parties contractantes de fixer. Cet article reproduit une disposition de notre ancien droit : il ne peut être ici question d'usure, car le taux variera suivant les probabilités de perte ou de gain. L'intérêt, ou plutôt l'arrérage payé au crédirentier, sera d'autant plus élevé que le temps de sa vie, et par conséquent la durée de la rente, paraîtront devoir être plus courts.

Il est bien entendu que les tribunaux conservent le droit de rechercher le prêt usuraire qui se dissimulerait sous la forme et les apparences d'une rente

viagère, et qu'ils devront appliquer à ces contrats
déguisés les principes rigoureux qui ont dicté la loi
de 1807.

Il peut arriver que le contrat de rente n'offre rien
d'aléatoire ; si, par exemple, le taux de la rente com-
paré au capital à l'aide duquel elle a été constituée
est, non pas seulement égal, mais même inférieur à
l'intérêt légal de ce capital. Le code sarde, dont nous
avons déjà parlé, prévoit expressément cette hypothèse, et il déclare que la rente viagère peut être
constituée au taux qu'il plaît aux parties de fixer,
pourvu qu'il soit supérieur au revenu que peut produire la chose cédée pour prix de la rente. Devons-
nous suppléer au silence de la loi ? Des cours ont
jugé que l'action en rescision d'une vente à charge de
rente viagère n'est pas recevable, mais que la vente
doit tomber faute de prix, si la rente annuelle est
inférieure au revenu produit par l'immeuble. D'autres ont déclaré le contrat inattaquable en rejetant
comme inadmissibles et l'action en rescision pour
lésion, et l'action en nullité pour vileté de prix.

Ces deux systèmes nous paraissent également dé-
fectueux. Il suffit pour ramener la question à ses
véritables termes de se rappeler et de combiner entre
eux les principes qui régissent la vente et la rente
viagère. L'art. 1658 contient cette règle fondamen-
tale, que le contrat de vente peut être résolu pour
vileté du prix ; l'art. 1674 donne au vendeur le droit
de demander la rescision de la vente, quand même
il aurait expressément renoncé à cette faculté, et
qu'il aurait déclaré donner la plus-value ; enfin nous

trouvons, dans l'art. 1675, le mode légal de s'assurer si la lésion existe. Or, dans notre hypothèse, il s'agit bien d'un contrat de vente immobilière ; il y a un prix, c'est, nous le supposons, une rente viagère, il est donc impossible de prononcer l'annulation de cet acte pour défaut de prix ; mais il tombe sous le coup de la nullité qui résulte de la vileté du prix. En effet, on ne saurait invoquer ici l'art. 1976 et prétendre que l'action en rescision n'est pas applicable aux contrats aléatoires. Ce fait particulier que le prix de la vente consiste en une rente viagère ne peut, à lui seul, donner à la vente un caractère aléatoire, le taux de rente étant inférieur au revenu annuel de l'immeuble vendu ; le vendeur, qui est en même temps le crédirentier, ne reçoit aucun équivalent de ce qu'il aliène. Il n'y a pas même apparence de contrat aléatoire. Où est l'espérance d'un côté, où est le risque de l'autre ? Il est évident que l'acquéreur ou débirentier a tout à gagner et rien à risquer, tandis que le vendeur n'a aucune chance favorable. L'élément essentiel du contrat aléatoire manque, il ne reste plus qu'une vente à laquelle nous appliquerons les règles relatives à l'action en rescision pour lésion.

Il est certains cas néanmoins où je ne déciderais pas ainsi. Si, par exemple, l'immeuble aliéné était exposé à des risques sérieux, il ne serait pas vrai de dire que la rente représente à peine l'usufruit, et que la nue-propriété a été aliénée sans prix, car si l'immeuble vient à périr, la rente continue à être servie.

Cette doctrine a été consacrée par plusieurs arrêts, et notamment par un arrêt de la Cour de cassation, du 22 février 1836. Elle nous paraît en parfaite harmonie avec le principe déjà admis sans contestation dans l'ancien droit, qu'il n'y a pas de contrat aléatoire, toutes les fois que le taux de la rente ne dépasse pas celui de l'intérêt légal. Qu'il nous soit permis de citer ici textuellement Pothier : « L'argent, dit-il, « de même que toute autre espèce de biens, étant « censé produire un revenu, aujourd'hui fixé au « vingtième de sa valeur, toutes les rentes viagères « doivent nécessairement excéder ce taux ; autre- « ment elles perdraient leur caractère, et devraient « être considérées comme renfermant une donation du « capital. » Cependant on peut soutenir que dans ce cas le contrat est onéreux et aléatoire. En effet, on ne place pas toujours son argent à cinq pour cent ; le rentier a donc de la chance de recevoir des arrérages supérieurs de 1 ou même de 2 pour cent au taux auquel il pourrait placer à intérêts le capital qu'il consent à aliéner. Les circonstances de fait devront, au reste, être prises en grande considération. C'est ainsi qu'il y aurait évidemment donation, si la personne qui consent à donner 100,000 fr. pour 3,000 fr. de rente était vieille et maladive. Cette donation serait valable, car la simple tradition suffit pour rendre le donataire propriétaire des sommes d'argent ou autres choses mobilières données. Il n'est pas nécessaire qu'un acte authentique en constate l'acceptation.

Rappelons-nous au surplus qu'à tort ou à raison,

ce n'est pas ici le lieu de discuter cette grave question, il est généralement admis par la jurisprudence que les donations déguisées sous la forme d'un contrat à titre onéreux sont valables jusqu'à concurrence de la quotité disponible.

Des travaux très-importants ont été faits pour arriver à l'appréciation du capital de la rente viagère par rapport au taux auquel elle est constituée. Nous citerons le plus remarquable, celui que M. Ph. Pellis a soumis à l'Académie des sciences, en 1834, et dans lequel il est arrivé à formuler le capital qu'un individu doit donner pour avoir une rente viagère de 1 fr. de quinze à soixante-dix ans. Déjà Deparcieux, en 1745, et Duvillard, en 1786, avaient publié des tables de mortalité fort exactes, le premier pour les classes que leur condition expose à peu de fatigue, le second pour la généralité des habitants.

——◦◉◦——

CHAPITRE V.

De la résolution du contrat de rente viagère.— Des conséquences qu'elle entraîne.

La section II de notre chapitre traite des effets du contrat entre les parties contractantes, et son premier article est ainsi conçu (art. 1977) : « Celui au pro-

« fit duquel la rente viagère a été constituée moyen-
« nant un prix peut demander la résiliation du con-
« trat, si le constituant ne lui donne pas les sûretés
« stipulées pour son exécution. »

Le contrat de rente viagère est donc synallagmatique. Il contient des engagements réciproques. La
partie qui ne remplit pas les siens, ne saurait exiger
que l'autre reste fidèle à sa promesse. Ce principe
d'équité est mis en lumière par Pothier, qui donne
au créancier le droit de demander la résolution du
contrat, si on lui a promis une caution qu'on ne lui
donne pas, si on stipule une hypothèque sur un immeuble présenté comme libre, alors qu'il était déjà
grevé par une dette antérieure.

Notre article ne prévoit textuellement que le cas
où les sûretés stipulées n'auraient pas été données ;
nous l'étendrons, par analogie, au cas où elles auraient été diminuées par le débiteur; le danger est le
même pour le créancier, il y a même raison de le
secourir : c'est ainsi qu'à jugé la cour de Riom, le
4 août 1818. Une hypothèque affectée à une rente
se trouvait, par suite de ventes partielles, sans réserve, morcelée et divisée. La cour pensa que cette
hypothèque devait être indivisible dans l'intention
des parties contractantes ; que dès-lors les sûretés
promises n'existaient plus, qu'il est égal, en effet, de
ne pas les donner, ou les ayant données, de les faire
évanouir et disparaître, et que la résolution du contrat, quoique viager, est alors fondée tant sur les
principes anciens que sur la disposition précise de
l'art. 1977, spécialement applicable aux rentes via-

gères. C'est, du reste, ce qu'on décide sans difficulté en matière de rentes perpétuelles.

On comprend que le débiteur n'est responsable de
la diminution ou de la dépréciation du gage qu'autant qu'elle provient de son fait. On ne pourrait,
sans injustice, faire retomber sur lui les conséquences d'un événement de force majeure. Le créancier
seul peut alors être en faute ; il aurait dû demander
des garanties plus considérales.

Devons-nous appliquer ici l'art. 1912 dans toute
sa rigueur, et décider pour la rente viagère, comme
pour la rente perpétuelle, qu'une fois l'action du
créancier ouverte, le débiteur ne peut plus l'arrêter
et empêcher la résolution en rétablissant les sûretés
promises ou en fournissant de nouvelles sûretés ?
Nous ne le pensons pas ; aucun texte précis ne nous
empêche de prendre un parti plus modéré ; nous
croyons donc, avec Pothier, que le débiteur peut
arrêter la résolution en rétablissant les sûretés promises.

La résolution n'a pas lieu de plein droit : tant que
la demande formée par le créancier n'a pas été ac-
cueillie par les tribunaux, tant que les juges n'ont
pas prononcé la résolution, le contrat subsiste. Par
conséquent, si le crédirentier venait à décéder pendant l'instance, la demande tomberait d'elle-même,
car la rente serait éteinte par la force des choses. A
plus forte raison si le crédirentier décède avant d'a-
voir demandé la résolution, ses héritiers ne peuvent
agir à aucun titre ; ils n'ont pas d'intérêt à exiger des
sûretés pour le service d'une rente qui n'existe plus.

Quels effets produira la résolution? Le crédirentier reprendra son capital en entier; il ne peut pas y avoir de difficulté sur ce point; mais le débiteur pourra-t-il retenir la portion des arrérages par lui payée, qui excède le taux de l'intérêt légal? Nous répondrons négativement; le taux élevé de la rente est une compensation des risques courus à chaque instant jusqu'à la résiliation. Si l'on faisait subir une réduction au crédirentier, il se trouverait avoir été dans une position telle qu'il pouvait tout perdre sans avoir la chance de rien gagner. Pothier tranche ainsi la question : « A l'égard des arrérages « qui ont couru jusqu'au jour de la résolution du « contrat, ils sont dûs à l'acquéreur tels qu'ils ont « été convenus, car ils sont le prix du risque, et le « risque a eu lieu jusqu'à la résolution du contrat. » C'était aussi l'opinion de Merlin.

On combat ce système au moyen de l'art. 1183 C. Nap. La résolution, dit-on, produit un effet rétroactif, et replace les parties au même état qu'au moment du contrat. Le débiteur ne peut donc être condamné qu'à des dommages-intérêts, pour l'inexécution de la convention, lesquels égaleront peut-être ou même surpasseront quelquefois les arrérages de la rente.

Malgré cet argument qui, nous l'avouons, est spécieux, malgré l'autorité de la Cour suprême qui l'a reproduit dans un arrêt de cassation du 23 août 1843, nous persistons à penser que le créancier gardera les arrérages de la rente sans aucune réduction. Il est impossible, en effet, d'appliquer ici l'art. 1183. Pendant tout le temps qu'a duré la rente, le débiteur a eu pour lui les chances favorables d'extinction, dont il eût profité si elles eussent tourné pour lui; les arrérages qu'il a payés ou dû payer ont été le prix de ces chances, et sous aucun rapport, on ne peut les assimiler à des intérêts usuraires. Cela est si vrai que, dans l'ancienne jurisprudence, comme nous l'avons déjà dit, alors que la loi était bien plus en garde qu'aujourd'hui contre tout ce qui ressemblait à l'usure, s'il y avait lieu à la résiliation du contrat de rente viagère pour défaut de sûretés promises, les arrérages étaient dus au créancier jusqu'au jour où la résiliation devenait irrévocable, et les simples intérêts ne commençaient qu'à partir de ce moment. M. Troplong fait remarquer que cette décision est conforme aux principes; qu'en effet, dans la vente, la résolution laisse les fruits au possesseur qui avait le droit de les percevoir. Dans la vente à réméré, l'acheteur qui a été mis en possession garde également les fruits. C'est ainsi que les choses se passent toujours, à moins qu'il n'y ait possession de mauvaise foi, dans le cas, par exemple, où la vente est résolue faute de payement du prix. Les arrérages de la rente viagère ne sont-ils pas des fruits civils, et dès lors quelle raison empêcherait de leur appliquer les règles qui concernent l'acquisition des fruits?

Il résulte des termes mêmes de l'art. 1977 que l'action en résolution qu'il donne au crédirentier n'est recevable qu'autant que la rente est constituée à titre onéreux. Cet article ne s'appliquerait donc pas aux rentes constituées à titre gratuit.

Le seul défaut de payement des arrérages de la rente n'autorise point celui en faveur de qui elle est constituée, à demander le remboursement du capital, ou à rentrer dans le fonds par lui aliéné ; il n'a que le droit de saisir et de faire vendre les biens de son débiteur, et de faire ordonner ou consentir, sur le produit de la vente, l'emploi d'une somme suffisante pour le service des arrérages (art. 1978).

Il n'en est donc pas de la rente viagère comme de la rente constituée, qui, suivant l'art. 1912, est résolue sur la demande du créancier auquel les arrérages n'ont pas été payés depuis deux années. L'art. 1978 a fait cesser toute divergence sur ce point, car quelques coutumes prononçaient sans distinction la résiliation de tout contrat de rente lorsque les arrérages n'en étaient pas payés, mais en même temps il a fait naître une question qui cessera avec le temps d'avoir de l'intérêt, c'est celle de savoir s'il s'applique aux contrats de constitution de rente viagère passés sous l'empire du droit ancien. La solution de cette difficulté dépendra des circonstances, car c'est la loi en vigueur au moment où se sont passés les faits sur lesquels on fonde la demande en résolution, qu'on doit consulter toutes les fois que l'exécution des contrats se produit au moyen d'actes successifs.

Pour quelle raison le législateur n'a-t-il pas voulu que le défaut de payement des arrérages de la rente viagère autorisât le créancier à se faire rembourser le capital ? M. Portalis nous dit que s'il en était autrement, il n'y aurait point de solidité dans les contrats, ils seraient dissous par la plus légère infraction de

l'un des contractants. On ferait prononcer la nullité d'un acte, quand on n'a que le droit d'en demander l'exécution. Cette raison me touche peu, car
si elle était concluante, elle aurait dû faire rayer
l'art. 1912. Aussi le tribun Siméon en trouve-t-il une
autre qui ne nous paraît pas meilleure. Lorsque le
contrat a été accompli, dit-il, la négligence dans la
prestation de la rente n'est pas une cause de résilie-
ment; elle ne donne qu'une action en contrainte
pour l'exécution d'un contrat parfait, et qui ne peut
être éteint que par l'événement qui en est la base.
Nous répondons encore à cette argumentation que
l'art. 1912 s'applique bien à un contrat qui, lui
aussi, est accompli et consommé. Le tribun Duveyrier n'a guère été plus heureux. Selon lui, la disposition de l'art. 1978 est encore bien plus propice au
créancier qu'au débiteur, car elle le soustrait à l'embarras de chercher un autre emploi et au danger,
peut-être, de perdre sa dernière ressource, en laissant son capital oisif, en le consommant par portions,
ou en le confiant au hasard non encore éprouvé d'un
nouveau placement. Ce motif, quoique juste, ne nous
paraît pas suffisant pour justifier une pareille déro-
gation au droit commun. La véritable raison, c'est
que le contrat étant aléatoire, il est très-dangereux
de le détruire prématurément, au moment peut-être
où le débiteur allait être indemnisé par la fortune
des lourds sacrifices qu'il s'était imposés. Il faut
donc, autant que possible, laisser aux chances de
gain ou de perte le temps de se développer. Dans
quelle position désastreuse se trouverait le débiteur

qui, après avoir déboursé à titre d'arrérages une somme égale au capital qu'il a reçu, se verrait, à la veille peut-être de la mort de son créancier, obligé de restituer une seconde fois ce capital! Le législateur, frappé de cette iniquité, a cherché à concilier les intérêts des deux parties, et il y a réussi, car l'art. 1978, tout en protégeant le crédirentier, sauvegarde le débiteur en empêchant la résolution du contrat.

La prescription de l'art. 1978 n'est point d'ordre public ; les parties peuvent donc y déroger au moyen d'une clause expresse portant que le contrat sera résolu de plein droit, si le débiteur ne paye pas les arrérages. Cette faculté devait être explicitement reconnue par la loi. Le consul Cambacérès fit dans ce but une proposition qui fut renvoyée sans opposition à la section de législation. Si elle n'a pas été insérée, c'est qu'on l'a considérée comme inutile. En l'absence de toute disposition contraire, les conventions tiennent lieu de lois à ceux qui les ont souscrites. C'était déjà dans notre ancien droit une jurisprudence constante. La Cour de cassation en a fait une application remarquable par un arrêt du 2 décembre 1846, en décidant que les parties sont réputées avoir dérogé à la règle de l'art. 1978, lorsqu'il a été convenu comme clause de rigueur, et sans laquelle le contrat n'aurait pas eu lieu, que le débiteur fournirait certaines sûretés en cas de non paiement de deux termes d'arrérages.

L'art. 1978 ne concerne point la rente viagère constituée à titre gratuit qui est régie par les règles spéciales aux donations, mais il s'applique à toutes les constitutions de rente viagère à titre onéreux, même à celle qui est le prix de la vente d'un immeuble. Mais il faut, bien entendu, qu'il s'agisse d'un contrat aléatoire, car sa disposition ne convient pas à un contrat où les parties ont traité sans *alea*, où le débiteur a toujours l'assurance d'avoir fait une bonne affaire, quelle que soit la durée de la vie du crédirentier.

Enfin, lorsque le crédirentier a cédé sa rente à un tiers, moyennant certaines prestations, il y a une cession ordinaire qui tombe sous le coup de l'art. 1184, si le tiers ne s'acquitte pas des prestations promises.

Si les arrérages ne sont pas payés, le crédirentier pourra faire saisir et vendre les biens de son débiteur, et ordonner ou consentir sur le produit de la vente l'emploi d'une somme suffisante pour assurer le service des arrérages. Reste à déterminer quel est le capital suffisant pour assurer le paiement de la rente. Il ne peut y avoir, selon nous, de difficulté à cet égard, quel que soit le taux auquel la rente a été primitivement constituée : le capital affecté à la sûreté de cette rente devra être calculé sur le pied de 5 pour cent. Supposons, par exemple, une rente de 1,000 fr. achetée moyennant un capital de 10,000 fr.; les biens du débiteur venant à être vendus faute de payement des arrérages, la somme à prélever pour le service de la rente sera de 20,000 fr. Si les biens du débiteur ne sont pas suffisants pour garantir le service de la rente, le rentier en souffrira sans pouvoir se plaindre. Il a été imprudent, il aurait dû se prémunir contre l'insolvabilité de son débiteur.

Bien que l'art. 1798 ne parle que de la saisie des biens, il est certain que le créancier pourrait recourir à tout autre mode d'exécution, notamment à la saisie-arrêt. Le but de la loi est d'assurer le service des arrérages de la rente sur les biens du débiteur, peu importe le moyen employé.

Le constituant ne peut se libérer du paiement de la rente en offrant de rembourser le capital et en renonçant à la répétition des arrérages payés. Il est tenu de servir la rente pendant toute la vie de la personne ou des personnes sur la tête desquelles la rente a été constituée, quelle que soit la durée de la vie de ces personnes, et quelque onéreux qu'ait pu devenir le service de la rente (art. 1979).

Cette disposition, toute rigoureuse qu'elle puisse paraître, est parfaitement équitable. Si le crédirentier était mort peu de temps après le traité, le débiteur ne trouverait pas juste qu'on l'obligeât à rendre une partie du capital reçu : il doit donc supporter les pertes que lui cause la longévité de son créancier. Comment pourrait-il être admis à racheter la rente, alors que cette faculté de rachat détruirait évidemment toute chance réciproque de gain ? Hâtons-nous de le reconnaître cependant, ce n'est pas là une disposition tellement impérative que les parties ne puissent y déroger. Nous croyons qu'elles sont libres de convenir que le remboursement pourra avoir lieu dans certains cas déterminés. L'*alea* est modifié, diminué, mais n'en existe pas moins, c'est assez pour qu'il y ait un contrat aléatoire. Une pareille convention en altère la nature, mais non pas l'essence, ainsi que M. Portalis le fait judicieusement remarquer.

Nous admettons même avec Casaregis, que les parties peuvent convenir que le prix à rendre par le débiteur de la rente peut être moindre que le prix par lui reçu : le créancier n'y perdra rien ; avec un capital moindre, il se procurera un revenu plus fort en viager, puisqu'il sera plus âgé. C'est à celui qui soutient avoir stipulé la faculté de rachat à prouver sa demande, car il élève une prétention insolite, tout à fait contraire aux principes qui régissent la rente viagère. La stipulation qui autorise le remboursement peut intervenir au moment du contrat ou postérieurement.

———o◉o———

CHAPITRE VI.

Du droit aux arrérages. — De leur insaisissabilité.

La rente viagère n'est acquise au propriétaire que dans la proportion du nombre de jours qu'il a vécu. Néanmoins, s'il a été convenu qu'elle serait payée d'avance, le terme qui a dû être payé est acquis du jour où le payement a dû en être fait (art. 1980).

En d'autres termes, les arrérages des rentes viagères étant des fruits civils, sont acquis au propriétaire dans la proportion du nombre de jours qu'a
vécu la personne sur la tête de laquelle la rente a été
constituée. La seconde disposition de notre article
permet aux parties d'établir des conventions con-
traires.

Si l'on a stipulé que la rente serait payée d'avance,
et que le terme qui aura dû être payé serait acquis
du jour où le payement aura dû en être fait, il est
évident que la rente dure au delà de la vie du rentier. Ce dernier est considéré comme ayant stipulé
une prime pour le cas où il mourrait avant l'expira-
tion du terme courant. L'ancien droit n'avait pas
imaginé cette fiction. Les uns soutenaient que, malgré cette stipulation, la rente n'était acquise que jour
par jour, et qu'il y avait même lieu de répéter ce qui
aurait été payé de trop, eu égard au moment du
décès. D'autres n'allaient pas aussi loin, et préten-
daient que la répétition ne devait pas être admise.
Les premiers étaient trop rigoureux : leur opinion
fut unanimement repoussée lors de la confection du
Code ; mais le système des seconds prévalut dans la
première rédaction, il dut disparaître aussi. Il avait
en effet l'inconvénient d'exciter le débiteur à ne pas
payer exactement la rente, puisqu'il était alors mieux
traité. L'art. 1780 fut donc adopté comme le seul
moyen de ne pas méconnaître une convention qui
n'a rien que de licite, tout en évitant de donner une
prime au débiteur qui a retardé l'exécution de ses
engagements.

Nous savons que les fruits civils s'acquièrent jour par jour. La loi ne comptant pas par heure, il faut, pour qu'un jour soit dû, qu'il soit complétement achevé, les fractions en seraient comme non avenues, quelque considérables qu'elles fussent. Par conséquent, en cas de stipulation de payement d'avance, le terme d'avance n'est acquis au rentier que s'il a vécu le jour entier fixé pour le payement.

L'art. 1981 déclare que la rente viagère ne peut être stipulée insaisissable qu'autant qu'elle a été constituée à titre gratuit.

Nous avons déjà dit que la rente viagère est susceptible de cession; il peut arriver qu'elle survive à celui en faveur de qui elle a été constituée, de façon à profiter à ses héritiers au cas où elle est établie sur la tête d'un tiers qui survit au créancier. Puisque la rente viagère est un bien meuble comme un autre, les arrérages en peuvent être saisis par les créanciers du rentier. Il y a plus, si nous supposons une rente viagère constituée à titre onéreux, il ne sera pas au pouvoir des contractants de la stipuler insaisissable. Le crédirentier ne peut pas diminuer le gage de ses créanciers. Il n'en est plus ainsi quand la rente est constituée à titre gratuit. Le donateur ou testateur pouvait ne pas donner; il a donné, mais sous condition d'insaisissabilité. De quoi se plaindraient les créanciers du donataire? Devaient-ils compter sur le bien qui arrive ainsi à leur débiteur? Il y a plus, la rente viagère donnée à titre d'aliments est réputée avoir été faite et stipulée insaisissable. L'art. 581 du Code de procédure le déclare formel-

lement : il est vrai que l'art. 582 apporte quelque
tempérament à ce que cette présomption aurait pu
avoir de trop absolu , en décidant que la rente déclarée insaisissable peut néanmoins être saisie par
des créanciers postérieurs à la donation ou à l'ou-
verture du legs, en vertu de la permission du juge et
pour la portion qu'il détermine.

La rente donnée ou léguée à titre d'aliments peut
être saisie pour cause d'aliments (art. 582 C. pr.).

De même, la rente viagère constituée à titre onéreux sera toujours cessible, nonobstant toute stipulation contraire, tandis que la rente viagère constituée à titre gratuit pourra être déclarée incessible.

-----oOo-----

CHAPITRE VII.

**De l'extinction de la rente viagère.— Des certificats
de vie.**

La rente viagère ne s'éteint pas par la mort civile
du propriétaire : le payement doit en être continué
pendant sa vie naturelle (art. 1982):

La mort civile étant abolie aujourd'hui, nous n'a-
vons pas à nous arrêter sur la disposition qui s'y
rapporte. La rente viagère s'éteint par la mort naturelle de la personne sur la tête de laquelle elle est

constituée. Si donc cette personne est un tiers et que ce tiers survive au créancier, la rente continuera d'être servie à ses héritiers.

La rente serait-elle éteinte dans le cas où le débiteur aura donné la mort à la personne sur la tête de laquelle elle était constituée? Tout le monde admet la négative, et convient qu'il faut appliquer à cette hypothèse les règles contenues dans l'art. 1184. Le débiteur a violé l'une des conditions substantielles du contrat ; le contrat est résolu, ce qui veut dire que le débiteur devra restituer aux héritiers du crédirentier tout ce qu'il avait reçu de lui. Les arrérages dus jusqu'au jour du crime devront être intégralement payés sans diminution.

Il s'est présenté un cas très-curieux. La rente avait été constituée pour prix de la vente d'un usufruit. Le créancier étant mort victime du débirentier, celui-ci se trouvait dans l'impossibilité de restituer le prix de la rente, puisque l'usufruit avait péri en même temps que le crédirentier. La cour d'Amiens décida que la rente serait continuée pendant trente ans. C'est là en effet le seul tempérament qu'on pouvait adopter.

Nous n'avons pas besoin de démontrer que le suicide du crédirentier est un événement de force majeure par rapport au débiteur, et le libère complétement de toute espèce d'obligation.

La matière de la rente viagère est terminée par l'art. 1983 qui est ainsi conçu : « Le propriétaire d'une rente viagère n'en peut demander les arrérages qu'en justifiant de son existence, ou de celle de la personne sur la tête de laquelle elle a été constituée. »

La loi ne détermine pas le mode de preuve à employer : les juges ont donc un droit d'appréciation.
Le plus souvent le créancier produit un certificat de
vie qui doit être délivré, d'après la loi du 6-27 mars
1791, par les présidents des tribunaux de première
instance ou les maires des chefs-lieux d'arrondisse-
ment. La plupart du temps on emploie pour ces actes
le ministère des notaires. Il y a même pour les rentes
viagères de l'État des notaires certificateurs institués
conformément aux décrets des 11 et 25 septembre
1806.

La rente viagère ne s'éteint pas seulement par la
mort de la personne à la vie de laquelle elle est attachée, l'obligation du débiteur se prescrit par trente
ans : pour prévenir cette prescription, il faut demander un titre nouveau, conformément à l'art. 2263.

Vainement prétendrait-on arguer de l'art. 2257
pour soutenir que le créancier ne perd point par le
non exercice de son droit pendant trente ans le droit
d'exiger le service de la rente. L'article 2257 n'est
relatif qu'aux créances soumises à une condition
suspensive. Or, la créance du rentier est pure et
simple. Nous ne pouvons donc admettre la décision
rendue par la cour de Metz (arrêt du 28 avril 1819).

Dans l'ancien droit, il était généralement admis
qu'on ne devait pas appliquer aux rentes viagères
la prescription de cinq ans : mais aujourd'hui ces
arrérages sont comme ceux de toute autre rente,
soumis à la prescription quinquennale de l'art. 2277.

CHAPITRE VIII.

Différences entre la rente perpétuelle et la rente viagère. — Des annuités à vie.

Il n'est pas sans intérêt, au point où nous en sommes, de signaler les différences qui existent entre les rentes perpétuelles et les rentes viagères.

Les rentes perpétuelles sont héréditaires activement et passivement, c'est-à-dire que la mort du créancier ou du débiteur n'a aucune influence sur leur existence; au contraire, la rente viagère s'éteint par la mort de celui sur la tête duquel elle est constituée, c'est le plus ordinairement le rentier lui-même.

Les rentes perpétuelles sont rachetables, tandis que les rentes viagères ne le sont pas.

Les rentes perpétuelles constituées moyennant l'aliénation d'un capital mobilier ne peuvent l'être qu'au taux légal : en d'autres termes, si les arrérages promis par le débirentier étaient supérieurs à l'intérêt de cinq pour cent du capital aliéné, le contrat serait entaché d'usure : il n'en est pas de même des rentes viagères, qui peuvent être constituées au taux qu'il plaît aux parties de fixer. Les arrérages ne sont pas considérés comme des intérêts ordinaires, mais bien comme le prix du risque que court le créancier de perdre son capital par suite d'une mort prématurée.

Enfin, les rentes perpétuelles peuvent être résolues lorsque le débiteur ne paye pas les arrérages : nous savons par quels motifs d'équité le législateur n'a pas voulu que les rentes viagères fussent résolubles pour cette cause.

Nous voici arrivés aux termes de cette étude. Les développements dans lesquelles nous sommes entrés nous semblent démontrer mieux encore que tous les raisonnements, combien le contrat de rente viagère est utile et fécond dans ses résultats. Nous ne reviendrons donc pas sur un point que nous avons déjà traité en commençant, nous nous bornons à constater la légitimité d'une combinaison que l'erreur et l'exagération ont seules pu condamner.

M. Toullier, l'un des adversaires les plus ardents de la rente viagère, parle d'un contrat fort usité en Angleterre, qui lui paraît moins immoral, c'est l'expression dont il se sert, et qui pourrait sans inconvénient s'introduire dans nos habitudes.

Voici en quoi il consiste. Un emprunteur s'engage à payer pendant toute sa vie une annuité convenue, en sorte que le prêteur court le risque de perdre si l'emprunteur meurt avant de s'être acquitté. D'un autre côté il a la chance de gagner, car la longévité de l'emprunteur entraînera souvent pour ce dernier l'obligation de payer plus qu'il n'aura reçu. Il est évident que le suicide de l'emprunteur n'éteindrait pas la créance, pas plus que le suicide du débiteur sur la tête duquel repose la rente viagère n'éteindrait cette rente. Un pareil contrat est parfaitement licite en lui-même, aucune loi ne le prohibe ; nous ne pensons donc pas que sa validité puisse faire l'objet d'une contestation, et nous nous joignons volontiers à M. Toullier pour en reconnaître la moralité et les avantages, sans pour cela partager ses préventions sur la rente viagère.

⋙⋙≈⋙⋘⋘

POSITIONS.

—

DROIT ROMAIN.

I. Le taux légal de l'intérêt, d'après la loi des XII tables, est de 1 pour cent par mois, soit 12 pour cent du capital.

II. La loi XLI (*de Pign. actione*) est inconciliable avec la loi XXII (*de Pign. et hyp.*). C'est à la loi XXII qu'il faut s'en tenir comme exprimant le dernier état du droit.

III. L'existence de l'obligation littérale n'est pas subordonnée à une double mention sur le registre du créancier et sur celui du débiteur.

IV. Celui qui a fait un prêt pour réparer ou conserver le navire, n'a qu'un simple privilége, si aucune convention d'hypothèque n'est intervenue.

V. L'action résultant du *nauticum fœnus* est une *condictio* et non une action *præscriptis verbis*.

DROIT FRANÇAIS.

DROIT CIVIL.

I. L'obligation qui résulte du jeu ou du pari n'est pas une obligation naturelle.

II. Les arrêts du Conseil du roi de 1785 et 1786 sont abrogés par l'art. 422 du Code pénal, en sorte que ce n'est plus dans ces arrêts que le juge doit rechercher ce qui constitue le marché fictif ou jeu de bourse, et le distingue du marché à terme sérieux.

III. La rente viagère est productive d'intérêts comme la rente perpétuelle. Il n'y a pas de raison pour prétendre que les arrérages que paye le débiteur de la rente viagère sont des portions du capital aliéné, et non point des fruits de ce capital.

IV. Dans le cas de l'art. 1973 du Code Napoléon, si le tiers au profit de qui la rente a été constituée n'a pas accepté avant la mort de celui qui l'a stipulée pour lui, le contrat est à son égard nul et non avenu.

V. Les donations, déguisées sous la forme de contrats à titre onéreux, ne sont pas valables.

VI. Pour qu'un acte soit fait en fraude des créanciers dans le sens de l'art. 1167 du Code Napoléon, il faut qu'il y ait à la fois *eventus damni* et *consilium fraudis,* sans distinguer si l'acte est à titre onéreux, sauf le cas où le débiteur renonce à une action en nullité ou à une prescription acquise.

VII. La remise faite par le créancier à l'une des cautions du débiteur ne profite pas aux autres cautions ; peu importe qu'elles se soient engagées simultanément, antérieurement ou postérieurement les unes aux autres.

VIII. Le juge a le droit d'accorder un délai au débiteur, même dans le cas où le créancier est porteur d'un titre exécutoire, à moins que ce soit un jugement.

IX. L'art. 1743 du Code Napoléon ne confère pas au preneur un droit réel.

X. On peut adopter son enfant naturel reconnu.

DROIT COMMERCIAL.

I. La faillite peut être déclarée alors même qu'il n'y a qu'un seul créancier.

II. Les sociétés commerciales en participation sont des personnes civiles.

DROIT PÉNAL.

I. Le meurtre résultant d'un duel tombe sous l'application de nos lois pénales.

II. Un tribunal correctionnel ou de simple police ne peut pas, comme une cour d'assises, prononcer des dommages-intérêts contre un prévenu renvoyé des poursuites.

DROIT DES GENS.

I. Les étrangers jouissent en France de tous les droits civils que la loi ne leur ôte point.

DROIT ADMINISTRATIF.

I. Le lit des petites rivières non navigables ni flottables appartient aux riverains.

HISTOIRE DU DROIT.

I. La rente viagère était inconnue des Romains. C'est dans le précaire, tel qu'il apparaît au moyen âge, qu'il en faut rechercher l'origine.

II. Le colonat fut constitué peu à peu par des causes intérieures. Il ne doit son existence ni à l'établissement des populations dans la Gaule avant la domination romaine, ni à la constitution d'Honorius, insérée au Code Théodosien.

Permis d'imprimer :

Le vice-recteur de l'Académie de Paris,

ARTAUD.

Vu par le président de la thèse,
doyen de la Faculté,

C.-A. PELLAT.

TABLE DES MATIÈRES.

DROIT ROMAIN.

PREMIÈRE PARTIE. — DE ALEATORIBUS.

DEUXIÈME PARTIE. — DE NAUTICO FŒNORE.

DROIT FRANÇAIS.

DES CONTRATS ALÉATOIRES DE DROIT CIVIL.

INTRODUCTION.

PREMIÈRE PARTIE. — DU JEU ET DU PARI.

DEUXIÈME PARTIE. — DE LA RENTE VIAGÈRE.

Imprimerie de W. REMQUET et Cie, rue Garancière, 5.